2016年3月18日、ユニバーサル・スタジオ・ジャパンは開業15周年を迎えた。
この特別な1年を“RE-BOOOOOOOORN! さぁ、やりすぎよう、生き返ろう!”を
テーマに15もの“やりすぎ”エンターテイメントを投入。

世界最高フライング・コースター「ザ・フライング・ダイナソー」で大絶叫して
究極スッキリ!

©カラー

「ユニバーサル・クールジャパン」の人気アトラクション「エヴァンゲリオン・ザ・リアル 4-D：2.0」（上）と「進撃の巨人・ザ・リアル 」（下）
©諫山創・講談社／「進撃の巨人」製作委員会

ハロウィーン・イベント“ハロウィーン・ホラー・ナイト”を盛り上げるストリートゾンビたち

世界最高のクリスマス・ライブショー
「天使のくれた奇跡III〜The Voice of an Angel〜」

USJ《ユニバーサル・スタジオ・ジャパン》を劇的に変えた、たった1つの考え方

成功を引き寄せるマーケティング入門

株式会社刀　代表取締役CEO
森岡 毅

角川書店

プロローグ

USJがTDLを超えた日

次々と押し寄せる笑顔、笑顔、笑顔……。連日押し寄せる笑顔の津波は、多い日には10万人に及ぶこともありました。それはまるで1つの市の人口が丸ごとこのパークを飲み込むような光景でした。ユニバーサルシティ駅のプラットホームからどんどん押し寄せる笑顔の津波は、改札を越えてどんどん太く連なり、パーク前で幾重にも巨大なトグロを巻いてから入場ゲートを貫き、更に勢いを増して黄色い波音を立てながら魔法界のホグワーツ城へと押し寄せていきます。家族連れや、カップルや、若者のグループの、笑顔、笑顔、笑顔。この仕事をしていて、これほど報われる瞬間はありません。

テーマパーク、USJ（ユニバーサル・スタジオ・ジャパン）は、社運を賭《と》した「ウィザーディング・ワールド・オブ・ハリー・ポッター」の大勝負に勝ったのです！

2014年のハリー・ポッターのオープン後、USJは爆発的な快進撃を続けています。しかし現在のUSJの盛況は、ハリー・ポッター1つの大成功で作られたものではありません。最も集客が落ち込んだ2009年度に比べて、年間で600万人以上を増やしていますが、実はその半分以上はハリー・ポッター以外の効果で達成しています。ハリー・ポッターがオープンする3年前から、お金のない中で無数の新企画を当て続け、毎年値上げをしながら100万人ずつ集客を増やすことに成功し、奇跡のV字回復を果たしてきたのです。

そしてハリー・ポッターをオープンした2014年度のUSJの年間集客は1270万人、ついに悲願だった開業年度の記録1100万人を大きく塗り替えました。更に、多くの人がさすがに落ちるだろうと思っていたハリー・ポッターオープンの翌年である2015年度も勢いは衰えません。様々な施策を当て続けたことで年間集客を100万人以上伸ばして1390万人（見込み）と、大幅な記録更新が続いています。2015年10月には過去最高の月間175万人を集客し、USJの3倍の商圏人口に陣取る東京《とうきょう》ディズニーランドをも超えて、単月ではありますがついに集客数日本一のテーマパークになることもできました。

2001年の開業こそ華々しかったとはいえ、すぐに経営危機に落ち込んだUSJ。あの苦しかった頃に、一体誰が、今日のような盛況を取り戻す日が来ると想像できたでしょうか。**USJはなぜ復活し、大成功をおさめることができたのか？** なぜ次から次へと新しいアイデアが出てきて、なぜやることなすこと上手《うま》くいくようになったのか？

その秘密は、たった1つのことに集約されます。

USJは、「マーケティング」を重視する企業になって、劇的に変わったのです。

かつては新規事業の成功率は30％程度でした。それが今や、97％！「全弾命中」といっても過言ではありません。

人々の購買行動を決定的に変えてしまう恐るべき職能、それが「マーケティング」です。私はその職能を専門にするプロの1人、「マーケター」です。USJではCMOを務めています。CMOを採用している会社は日本ではまだ少ないのでなじみが薄いかもしれません。「マーケティング最高責任者」という意味です。

「マーケティング？　知ってるよ。市場調査したり、プロモーションプランを作ったりする仕事でしょう？」

多くの方の認識は、まだその程度のものかもしれません。

しかしそれは間違っています。日本の多くの、いや、ほとんどの企業は、マーケティングの本当の意味を理解していません。マーケティングを正しく理解できれば、必ず成功できます。それはUSJの劇的なV字回復を見ていただければ一目瞭然《りょうぜん》だと思います。

私はできるだけ多くの人に「マーケティングの考え方はマーケターだけのものではない。学ばないともったいないですよ」と伝えることにしています。マーケティングの基本の考え方である「マーケティング思考」は、全ての仕事の成功確率をグンと上げるからです。ビジネスで成功したい全ての人は、マーケティング思考を一度しっかりと学んでおくべきです。

なぜならばマーケティングこそがビジネスを成功させるための方法論だからです。マーケティングの考え方は会社業績を上げるための道しるべとなります。マーケティングの根本にある戦略的な考え方は、仕事内容に関係なく、あなたが周囲から期待される成果を大きく上回っていくための必勝法なのです。

本書のテーマは「マーケティング思考」と「キャリアの成功」です。ビジネスで成功したい人は、必ず読むべきです。私が実体験から学んだ成功の秘訣《ひけつ》をお教えします。「マーケティング思考」は、全てのビジネスに通用します。私は日用品を売る会社からテーマパークに転職しましたが、基本的にやっていることは同じです。考え方を変えれば、全てが変わるのです。

マーケティング思考の一番大切な根幹部分は、実は誰にでも理解できるのです。しかも学ぶタイミングに遅すぎるということはありません。もちろん早いに越したことはないですが、いつ学んでもその日から必ず役にたちます。あらゆる仕事における「業務効率」と「良い結果が出る確率」が上がるのです。全く消費者を相手にしない仕事をする人でも、マーケティングの考え方を知っていると、成功の確率が劇的に上がります。ターゲット消費者を「上司」や「恋人」などに置き換えて考えるだけで、人生が拓《ひら》けていくのです。

私はマーケティング思考を知ったおかげで、人生の主役が自分自身であることを実感できるようになりました。会社業績の向上に貢献するだけでなく、残業せずに毎日家族と夕食をとることもできていますし、ヴァイオリンのレッスンに通ったり、魚釣りに行ったり、趣味も楽しんでいます。

私はマーケティングの恐るべき力を実感しながら、20年間の社会人生活の全てをマーケティング最前線のドンパチに費やしてきました。そして国の発展を願っている1人の日本人でもあります。そんな私がいつも焦燥感をもっていたのは「日本には強力なマーケターが足りない」ということです。

そしてある日、私は気付いてしまいました。大学受験が近づいている長女から矢継ぎ早に質問をされたときのことです。

娘「お父さん、人がビジネスで成功するために学んでおくべきことって何？」
私「人も、会社も、ビジネスで成功する近道は『マーケティング』を知っておくことだよ」
娘「マーケティングって何？　どんなことをするの？　なんでそれを知ってると成功できるの？　教えて、教えてー」

社会人2年目で授かったこの子がもう進路を考えるような年齢に達していることに少なからず驚きました。しかし長女にとって大学選びや学部選びは、大学の先にある社会人キャリアにもつながる大事な選択です。

そこで私は「うーん、大事な質問だからちゃんと答えたいな。わかりやすい本を探しておくから、ちょっと待ってて」と答えました。

そしてワクワクしながら本探し。マーケティングについて書かれた本……。本屋さんにはたくさんあります。いろいろと目を通してみました。が、しかし……。いわゆるマーケター向けの「ガチンコ」の本はそれなりにあります。偉い学者先生が書いたアカデミックな本や、実務者がその業界や領域について書いたマニアックな本はいくつもあるのです。

しかし、「マーケティングを知らない人に向けて書かれた、マーケティングの根本を理解してもらうためのわかりやすい本がない」のです。

マーケティングについてわかりやすく書かれた本が不足していることは、非常に好ましくないと思いました。これはまさしく、マーケティング業界としてPoint of Market Entry（ある商品カテゴリーを認識する最初のタイミングで消費者の心に入り込もうとするマーケティング手法）に、大きな穴があいている状態ではないのかと。こんなことでは日本の企業の競争力はどんどん失われていくのではないかと。

マーケティングの考え方や魅力をわかりやすく伝える本があれば、日本にも傑出したマーケターがたくさん出てきて、遠からず日本社会をもっと活性化させるだろうと思います。マーケターでなくても、マーケティングの考え方を理解できる人が増えれば、それだけで多くの企業は変わるはずです。**マーケターではない圧倒的多数の社会人や若者こそ、マーケティングの考え方を知ることが重要**だと思うのです。

本書執筆のきっかけはそれです。**マーケターでない人が読んでもわかる本を、ビジネスで成功したい全ての人に向けてわかりやすく**書きます。ビジネスで成功したいと思っている社会人の皆さん、近い将来に就職活動をする学生の皆さん、これからのキャリアを考えている社会人の皆さん、最も大切な基本を再確認したいマーケティング実務者の皆さん、大げさに言えば、これからの日本を背負っていく全ての皆さんに役立つものを書きたいと思います。

本書の目的

この本の目的は、実戦経験者の視点で、次の2つのニーズにできるだけわかりやすく答えることです。高校生の娘にもわかるように書きます。

- **個人も会社もビジネスで成功するためのカギである「マーケティング思考」を伝えること。**
- **私が体得してきた「キャリア・アップの秘訣」を伝えること。**

私はマーケティング・カンパニーとして世界で最も伝統と定評のあるP&Gという会社でマーケティングを学びました。また日常のヘアケアビジネスを伸ばす業務に加えて、P&Gの社内教育機関「P&Gマーケティング大学」で長年Principal（校長先生）を務め、若手社員を対象にマーケティングを徹底的に教える責任者もしておりました。現在のＵＳＪでもマーケティングの講義をいくつも持ち、社内育成に力を入れている現役トレーナーでもあります。

今回は「私のマーケティングを教えるノウハウ」を総動員して、汎用性《はんようせい》の高いマーケティングの考え方を紹介していこうと思います。ただしマーケティングの理論に関しては、いくつものやり方が存在します。私自身、Ｐ＆Ｇを卒業した後も、ＵＳＪで得られた新しい知見など、独自の練り込みを加えて進化させ続けています。

本書では最も大切な基本を中心に、私のやり方を紹介します。それは、さまざまなビジネスの局面において、成功するビジネス戦略や戦術を導き出す強力な武器となる「マーケティング・フレームワーク」です。これを理解することで、ビジネスもキャリアも成功の確率が段違いに好転すると私は確信しています。

本書を読めば、我々が暮らしている毎日の中で、今まで何も気がつかずに使っていたもの、聞いていたものや感じていたものが、実はマーケター達が意図的に仕掛けていたことだと気づくようになります。多くの方々にとってマーケティングがもっと身近に感じられるようになることを願っています。

そしてキャリアの成功のために重要だと私が信じていることも、全力で書きたいと思います。わかりにくくて考えにくい「キャリア」という漠然としたイメージに、「きっかけ」と「とっかかり」を得られるように念じて書きます。どう考えればキャリアの成功確率が高まるのか、次に行動すべき焦点は何なのか、それらの指針が明瞭になっていけば幸いです。

皆様の成功を祈って。

２０１５年12月　著者

目次

装丁／ＩＳＳＨＩＫＩ
図版作成／スタンドオフ

第1章

USJの成功の秘密はマーケティングにあり

まずは、マーケティングの果たす役割について大きく理解していきましょう。マーケティングが会社の中でどのような働きをするのか、USJというテーマパークの具体例を通して多くの読者にざっくりとしたイメージを持ってもらいたいと思います。

V字回復の着眼点とマーケティングの役割

私が2010年6月にテーマパーク運営会社USJに入社してから、早いもので5年半が経とうとしています。USJという会社は、2001年の開業年度には華々しく年間1100万人を集客したのですが、翌年に700万人台へと急降下し、高コスト体質も災いしてわずか3年後の2004年に事実上の経営破綻《はたん》をしました。

2004年に新社長として迎えられたグレン・ガンペルは、徹底的なコストカットでこの危機を乗り越え、私が入社した2010年当時には破綻寸前の状態からは脱していました。しかし年間集客は730万人と伸び悩んでいました。そうは言っても、東京ディズニーランド、東京ディズニーシーに次いで日本では3位ではあったのですが、初年度の1100万人には及ぶべくもありません。集客数やトップライン（売上金額）をどう成長させるかは、喫緊の課題でした。

会社からマーケティングに期待される第一の仕事は、トップライン（売上金額）を大きく伸ばすことです。私はそのためにグレンに雇われました。テーマパークにおけるトップラインの最大の要素である「集客数」をどうやって伸ばすのか？　という命題に対して、明確な指針をすぐに求められたのです。

入社直後、私は様々なデータを集めながら独自の分析を進めていましたが、社内の有力者達の考え方を理解することも重視しました。なぜだかわかるでしょうか？　私がマーケティングの技能を使ってどのような策を生み出そうとも、結局その策を実行するのは従業員全体だからです。私1人で実現できることなど1つも無いことは最初からわかっていました。社内の有力者達がどのような考え方を持っているのか予《あらかじ》め知っておくことは、後々に進みたい方向へ彼らを導くために重要なのです。


マーケティングは会社の「頭脳」でもありますが、それと同時に多くの部署を動かす会社の「心臓」の役割も担うのです。


多くの幹部社員からヒアリングした結果、長年にわたる集客低迷の原因については主な仮説が2つありました。

1つは、開業翌年に起こった不祥事のせいでブランドイメージが地に堕《お》ちたこと。2002年に食品賞味期限の偽装問題、工事ミスで工業用水がパーク内の一部の水飲み器に繋《つな》がっていた問題、更には火薬の使用量と保存方法に関する問題などが立て続けに起こり報道されました。それら不祥事によるマイナスイメージのせいで消費者は今も来ないのだと。

しかしこの仮説を聞いた瞬間に、私の脳は「そんなことはありえない」と反応しました。マーケティングの実戦を重ねてきた「経験知」が瞬間にそう反応したのです。私の経験知が囁《ささや》くのは「人の噂も七十五日」という感覚です。10年近く前の不祥事を気にして今もパークに来ない人はほとんどいないはず……。人間の記憶がそれほど優秀ならばTVCMに企業がこれほどお金を使うわけがありません。

確認のために実際に数字を調べてみましたが、やはり不祥事が起こったから集客が減ったのではないことは明らかでした。むしろ逆だったのです。**集客が減ったから不祥事が起こったのです。**

開業年の2001年度は華々しい1100万人の記憶だけしか多くの従業員の頭には残っていなかったのかもしれませんが、その最終月の3月（2002年3月）は集客がぜんぜん目標に達していません。その前月の2月も大きく失速していました。

書き入れ時の春休みもぜんぜんダメ、4月もダメ、ゴールデンウイークもダメ、5月もダメ。集客が大幅に失速したものだから飲食部にどんどん食品材料の在庫が溜《た》まっていった。それが賞味期限切れ材料が出現した原因で、もったいないので何とかしようと現場が問題を起こし、発覚したのが7月初めです。メディアの報道が過熱していった、水飲み器の問題も火薬の問題も更にその後の話。つまり不祥事は低迷に拍車をかけましたが、集客低迷の原因でもなければトリガーでもありません。まして8年後の人気低迷の原因であるわけがありません。実戦の積み重ねによるマーケターの経験知は、ビジネスにおいて「何かおかしい」あるいは「何か引っかかる」といった匂《にお》いを感知します。

有力だった仮説のもう1つは、開業年度当時の「映画のテーマパーク」というブランドの軸がブレたせいだというもの。グレンが会社の危機を救うために「ハローキティ」などのキャラクターや、夜の電飾パレード「マジカル・スターライト・パレード」のような映画とは関係の無いコンテンツを導入しました。それらのせいで「映画だけ」にこだわったパワー・オブ・ハリウッドという原点のブランドイメージが迷走していると感じる社員は、古参を中心に非常に多かったのです。

開業年に来てくれた多くの映画を愛するファンが、ハリウッド映画にこだわったパークでなくなったことに嫌気がさして離れてしまっている。更には、ハリウッド映画のパークという明確なテーマ性を失ったことで、東京ディズニーリゾート（ＴＤＲ）と差別化できなくなって消費者をどんどん奪われている。その証拠にＴＤＲは年々集客を伸ばしているではないかと。

この仮説（というか当時、社内でも社外でも最も強く信じられていた説）に対しては、私の「数値に基づく市場理解」に照らして強い疑念がありました。「そんなはずはないだろう」と。

まず、エンターテイメント全体に占める映画の割合が、実は1割しかないという事実があります。世の中の人々の行動の平均値として、何かのエンターテイメントを10回楽しむとすると、映画のコンテンツを見ているのはそのうち約1回でしかないというデータがあるのです。圧倒的な9割は他のことをしているのに、映画ファンだけで１１００万人も集客できるわけがないだろうと。

次に引っかかったのは、ＴＤＲとＵＳＪの物理的距離です。５００キロ離れているのに、その週末にディズニーかＵＳＪの２択で迷う人はいないだろう。どう考えても同一の商圏で競合しているとは思えません。なんといっても関東《かんとう》と関西《かんさい》の間には「交通費3万円の川」が流れているからです。２つはそれぞれ別商圏であって激しく競合などしていないのに、ディズニーと差別化するために「映画だけ」にこだわるのは愚の骨頂。ディズニーが年々伸びている理由は、USJとはきっと別のところにあるはずだと。

このようにマーケターは、ビジネスが「伸びる・伸びないの本質」を見極めるのに最も時間と精神力を使わなければなりません。そのビジネスを左右する本質である「衝《つ》くべき焦点」を「ビジネスのドライバー」と呼びます。私が入社直後に確信したのは、「2002年の一連の不祥事」も「映画のパークにこだわってディズニーと差別化すること」も、USJのビジネス・ドライバーではなかったということです。

ビジネス・ドライバーでないということは、その問題解決にどれだけ注力しても、ビジネスは好転しないということです。ビジネス・ドライバーでないことにこだわっても、努力は報われません。

会社の進むべき方向を見極める頭脳としての存在、企業の軍師ともいうべき「マーケター」の最初にすべき最重要な役割は「どう戦うか」の前に「どこで戦うか」を正しく見極めること。そして正しい方向へ会社を無理やりにでも引っ張っていくことだと、私は考えています。

マーケティングの実戦経験を積み重ねていくと、自分が向き合っているビジネスの仕組みが見えるようになっていきます。そのビジネスが上手《うま》く行っている、あるいは上手く行っていない本質的な原因を洞察できるようになっていきます。

ビジネスを劇的に好転させるために衝くべき焦点（＝着眼点）が、わかるというよりも、感覚的には見えているという状態に近い。もちろん眼球では見ていませんが、意識の中でその

「衝くべき焦点」が、まるで光を放つように明確に見えるようになります。

当時の私がトップラインを伸ばすために衝くべき焦点として着眼したビジネス・ドライバーを3つほど紹介しておきます。これらの着眼点がUSJのV字回復へ繋がっていきました。

（1）ターゲット客層の幅：USJが相手にできる客層の幅が狭すぎることが最大の問題である。「映画ファンだけのパーク」という作り手側の無意味なこだわりのせいで、ただでさえ関東の3分の1しかない関西市場をさらに小さく使い、自らの首を絞めている。

→ USJというブランドを「映画の専門店」から「世界最高のエンターテイメントを集めたセレクトショップ」へ脱皮させる。映画だけにこだわらず、アニメやゲームなどの多くのジャンルからブランドを投入。

→ 最大の弱点である「低年齢の子供連れ家族の集客」を強みに変えるため、ファミリーエリア（ユニバーサル・ワンダーランド）を投入。客層の幅を数割も拡大、そしてほぼ恒久的に集客層を拡大し、生涯来場回数も増やす（幼児のときにプラス1回、親になってプラス1回、孫を連れてプラス1回）。

→ 客層の地域的な拡大。関西に7割も依存した集客体質から脱却するために、遠方からでもUSJに来たくなるものすごい何かを作ることが必要。関東から「3万円の川」を渡らせ、インバウンド（海外旅行客）にも30万円の海を渡らせる強さを持つものとして、ハリー・ポッターの新エリアに一点集中して巨額の予算を投じる。

（2）TVCMの質：TVCMというプロモーションの最大の柱に大きな改善の余地がある。当時のUSJのCMの品質はTDRと比べて悪くはないが、一級品ではない。消費者がUSJに来場する本質的な理由を強く捉《とら》えられていないところに集客を伸ばす余地が大いにある。中長期にわたってTVCMなど全てのプロモーション活動によりブランドイメージを強固にしていく仕掛け（ブランド・キャンペーン）が必要。

⬅　来場意向調査で従来の数倍もの強さを発揮するTVCMを開発。

⬅　「世界最高を、お届けしたい。」という新しいブランド・キャンペーンの立ち上げと継続。

後の章できちんと説明しますが、販売を促進するための様々な活動のことをマーケティングでは「プロモーション（Promotion）」と言います。代表的なものは、TVCMや雑誌広告などのマスメディア広告。また商品自体を消費者に体験させるための無料サンプリング、第三者にメディア上で自ブランドを紹介してもらうPR、インターネット空間でのWEB広告やSNS上の拡散効果を狙った販売促進などがあります。

（3）チケット価格の値上げ：大人5800円（当時）というチケット価格はあまりに低すぎる。消費者の所得、他の物価との比較、エンターテイメント支出の中でのテーマパークのシェア、それらを米国や欧州《おうしゅう》などの他の先進国と比較すると、**日本のテーマパークは世界標準の約半分で安売りされている**ことは明白。日本のテーマパークの品質は世界で一番高いにもかかわらず、土地代・建設費・人件費などのコストが世界で一番高いにもかかわらず、入場料だけが世界で一番安いのはあまりにもおかしい。他国のテーマパークが倍近いチケット価格で集客できている事実から、「チケット価格」に客単価向上の大幅な伸び代がある。

余談ですが、なぜ日本だけこんなにテーマパークが安いのかと言えば、業界のガリバーである東京ディズニーリゾート（TDR）が長年安くやっていたからです。そのせいで業界価格の天井が低いのです。2001年のUSJ開園時も東京ディズニーランドが5500円だったせいで、それに合わせざるを得ないと判断。西でもこの5500円という低価格が業界の天井となりました。

そうなるともっと零細な遊園地などは更に低い入場料に設定せざるを得ません。関東市場に陣取る大きなTDRはそれでもやっていけるのですが、その他の多くの遊園地では継続投資に回す資金がなかなか捻出《ねんしゅつ》できなくなるのです。結果としてTDRやUSJが建ってから多くの遊園地が潰《つぶ》れていきました。消費者の選択肢が少なくなることは、業界の活性化のためにはよくありません。巨大テーマパークは日本のテーマパーク業界全体にも責任があるはずです。例えば、私はUSJが尖兵《せんぺい》となって業界を世界標準に近づけるべきと考えるようになりました。

ＵＳＪがこの5年間で2割もの大幅な値上げをして業界価格の天井を引き上げる中で、同じ大阪にある「ひらかたパーク」なども値上げを実行できています。

⬅入場チケットの値上げを断行（この５年間で５８００円から７４００円に）。

⬅年間パスの値上げも断行（この５年間で１万５０００円から１万９８００円に）。

マーケティングの重要な仕事の1つである価格施策をプライシング（Pricing）と言います。マーケターにとって、価格は売上を左右するだけでなく、顧客からのブランドへの評価そのものになりますから、どの値に持っていくのかは非常に重要な課題です。高い方がいいと言っているわけではありません。売上金額は、個数（集客数）と単価（チケット価格）の掛け算で決まります。価格が高ければ販売個数が落ちることになり、売上金額が最大化するとは限らないのです。

マーケティングでは、1％の値上げに対して、何％売上が減少するかという反応度を分析し、それを「価格弾力性《かかくだんりょくせい》」と呼んでいます。ちょっとの値上げでガーンと売上が下がる状態を「価格弾力性が大きい」、その逆を「価格弾力性が小さい」と表現します。価格弾力性が小さい状態だとマーケターは値上げを実行しやすくなります。ちなみに、テーマパークは買わなくてもすぐには誰も死なない商材ですから、価格弾力性は比較的大きい業態と言えます。

プライシングで大切なのは、**値段を最終的に決めているのは市場であり、消費者である**という認識です。「値上げ」には大きなリスクが伴います。

値下げして個数を伸ばすことは誰にでもできるのですが、一流のマーケターに要求される仕事は、値上げしながら個数も伸ばすことです。**単価と個数の両方を上げて、会社を往復ビンタで儲《もう》けさせる**ことです。仮に単価を２割も上げたうえで、個数も２割も伸ばすことに成功すると、1.2×1.2＝1.44と、４４％も売上金額を伸ばすことができます。実現すれば夢のようですが、これをやり遂げるには１つしか方法がありません。

先にブランド価値を顕著に高めておいて、価格弾力性をできるだけ小さくしておくことです。

ＵＳＪの場合も、先にブランド価値を上げて集客を拡大するのに一番苦労しました。値上げのタイミングと価格の幅などを数学的な分析を駆使して判断していくことは簡単ではありませんでしたが、結果的にこの５年間で単価を１・２倍、集客数を１・９倍に伸ばすことに成功しました。その結果、ＵＳＪのチケット収入がその掛け算で２倍を大きく超えていったことはおわかりになると思います。

ＵＳＪはビジネス・ドライバーとして、ターゲット客層、ＴＶＣＭ、チケット価格の３つに着眼し、そこに徹底的に投資と改善を加え続けました。資金のないところから、アイデアと努力で毎年１００万人ずつ集客を伸ばし、２０１２年には新ファミリーエリア「ユニバーサル・ワンダーランド」で弱点だった家族連れ層を克服し、２０１４年にはハリー・ポッターをオープンして集客市場を全国からアジア諸国にまで拡げました。

低迷していた５年前と比較して、今では集客を６００万人以上積み上げ、売上は倍以上に伸び、利益に至っては数倍の伸長を遂げました。ハリー・ポッターの成功ばかりが注目されていますが、ハリー・ポッターによって獲得したのは増加した600万人のうちの半分にも及びません。ハリー・ポッター以前に40以上もの新規プロジェクトを連続してヒットさせ続けたことで獲得した成長なのです。この5年でのUSJの新規プロジェクトの成功確率は、実に97％を超えます。

マーケティングの力によって企業は劇的に変わります。 もちろん、マーケティングだけで完遂できることは1つもありません。全部署、全従業員が一丸となった献身的な努力があってUSJは生まれ変わりました。

では低迷していた時期には、従業員は頑張っていなかったということでしょうか？　決してそんなことはありません。皆どこまでも誠実に、少しでもゲストの笑顔を増やそうとずっと努力していたのです。

ならばどうしてもっと早く結果が出なかったのか？　それは会社として頑張るべき焦点「どこで戦うか」を正しく明確に設定できていなかったからです。「マーケター」にとって、それが最重要の使命です。正しいビジネス・ドライバーを見極めて、そこに全社の努力を集中させる。全従業員の涙ぐましい努力が報われる場所はどこかを見極めて、そこで皆を戦わせる。変革にはつきものの上下左右からの強い逆風に潰されず、孤独に耐えながら、それでも正しい方向へと皆を引っ張っていく。そうやって会社を勝たせる仕事、それが「マーケティングの使命」だと私は考えています。

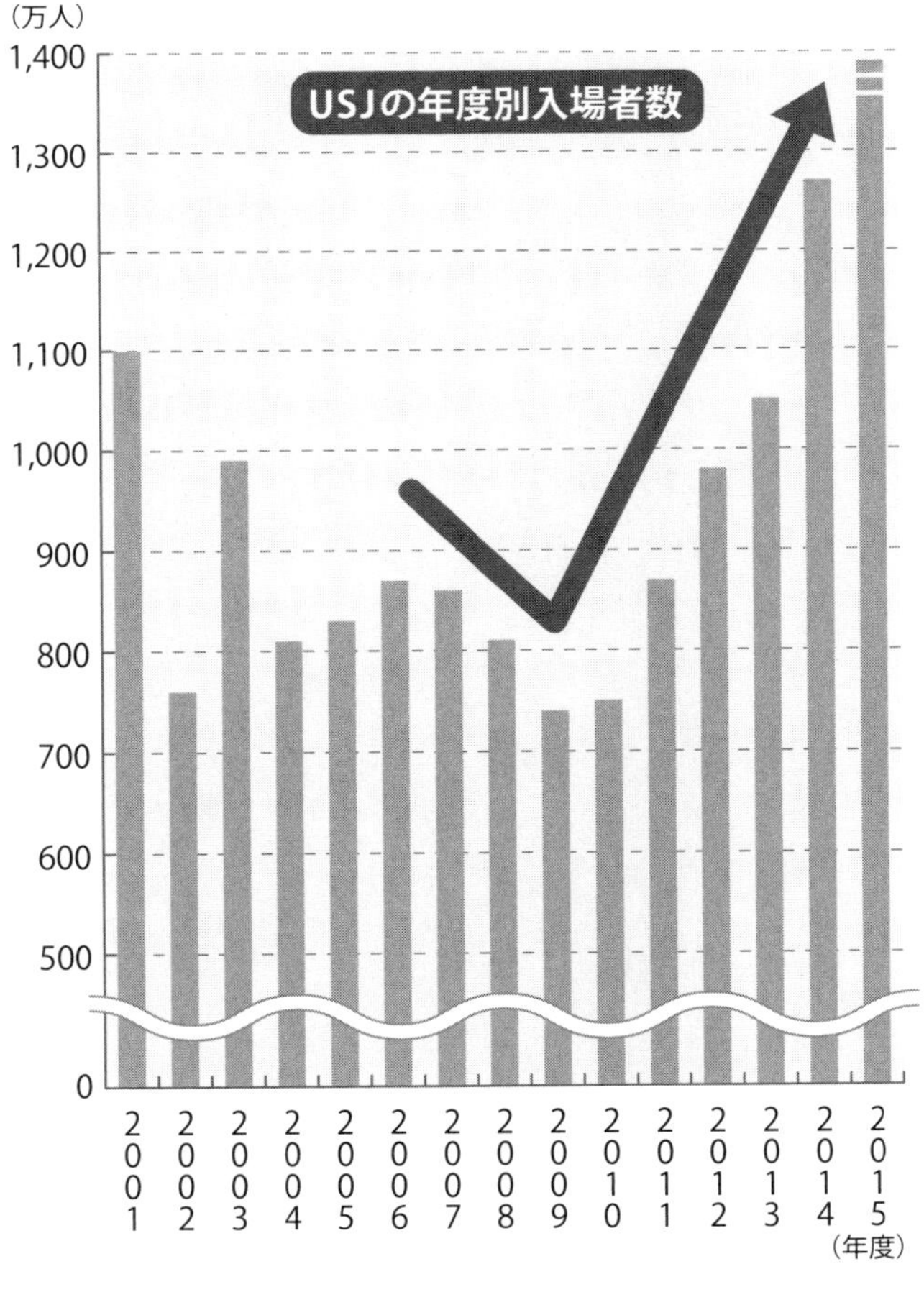

（万人）
USJの年度別入場者数
1,400
1,300
1,200
1,100
1,000
900
800
700
600
500
0
2001
2002
2003
2004
2005
2006
2007
2008
2009
2010
2011
2012
2013
2014
2015
（年度）

変えたのは1つだけ

よく聞かれるのです、「森岡《もりおか》さんはＵＳＪの何を変えたのですか？」と。視点によっては変えた項目は数百では済まないくらい列挙できます。ブランドの定義も変えましたし、導入するイベントやアトラクションの系統も変えましたし、ＴＶＣＭの作り方も変えましたし、価格も変えましたし、需要予測の精度も変えましたし、ＰＲのやり方も変えました。ほんとうにキリがないくらい様々なビジネス・ドライバーにまつわる仕事の考え方や方法を、目的に適《かな》うべく大きく変えてきました。

しかし、変えたことそれぞれの根っこには共通点があります。究極的には、変えたのはこの１つだけと答えてもいいでしょう。

それは「消費者視点（Consumer Driven）」という価値観と仕組みにＵＳＪを変えたことです。**ＵＳＪが消費者視点の会社に変わったということが、Ｖ字回復の最大の原動力**だと思います。

消費者視点とはどういう考え方でしょうか？　私がかつて修業したＰ＆Ｇというグローバル企業が信じている価値観に「Consumer is boss.（消費者を上司だと思え）」というものがあります。あの会社がやろうとしていた考え方は、この消費者視点（Consumer Driven）に限りなく近いと思います。つまり「**消費者の方を向いて消費者のために働け**」という意味です。

実はＰ＆Ｇに在籍していた当時の私は、この Consumer is boss という表現はあまり好きではありませんでした。この表現は、bossつまり上司がどれだけ重要で無条件に言うことを聞くべき存在かと言っているように取れたからです（笑）。私は自分の意見に執着して上司に逆らうことも多い行儀の悪い社員でしたから、自然と反発を覚えたものでした。「日本ならConsumer is God（お客様は神様）やろ、なんでbossやねん」と。

Consumer Driven Company（消費者視点の会社）であるということは、とにかく消費者の喜ぶことならば何でもしますということではありません。むやみにコストをかけて消費者の要求に対応するようでは、中長期では消費者価値を生み出すことができなくなるからです。会社がずっと続いていくためには、様々な制約の中で総合的な判断を重ねていくことになります。その難しい判断の起点となるのは、結局のところ「どれだけの消費者価値につながるのか」という1点に尽きるのです。

簡単に言えば、会社側のどんな事情もどんな善意も、消費者価値につながらないのであれば（消費者に伝わらないのであれば）、一切意味がない。そう腹をくくった意思決定をできる会社がConsumer Driven Company（消費者視点の会社）です。

USJの例で理解してみましょう。多くのアトラクションやイベントを製作していく現場では、担当者達が誇りを持って仕事をしています。全員が「ゲストを喜ばせるために面白いものを作ろう」と思ってやっています。しかしながら「ゲストが本当に喜ぶもの」と「ゲストが喜ぶだろうと作る側が思っているもの」は必ずしも一致しないのです。

なぜならば、作る側は自然状態では消費者感覚から最も遠ざかる運命にあるからです。テーマパークの様々な仕掛けを考案したり、製作している人々は業界のプロです。プロの作り手は、この業界で経験を積むほどに作り手としての専門的な知識を獲得して玄人《くろうと》になっていきます。それは素人である消費者とは真逆の感覚に進むことを意味しています。

プロとしての技術を業界で毎日毎日見ていると、どんどん目が慣れてしまって、彼ら自身の「感動の水準」が一般消費者のそれとはどんどん離れていきます。多くの消費者にとってわかりやすくて面白いものが、彼らには刺激や品質が足りないものに見えたりするのです。そしていつしか無意識のうちに自分が良いと思うもの（＝玄人好みのもの）を作るようになっていくのです。

テーマパーク業界は、その始まりから現在に至るまで、圧倒的にクリエイティブ中心の運営がなされています。簡単に言うと、クリエイティブが面白いと思うものをやってみて、当たれば大ヒット、外れれば大ピンチという経営です。巨額の資金をクリエイティブの才能に賭《か》ける、いわば博打《ばくち》のようなビジネスモデルです。

これはテーマパーク業界が母体としている映画業界とよく似た体質だと思えます。1人の天才映画監督が現れてヒットを連発しますが、彼がピークを過ぎた途端に業績は振るわなくなります。これがクリエイティブ・ドリブンなやり方です。いいか悪いかはともかく、業績に波が生まれるところにリスクはあります。

このクリエイティブ・ドリブンなやり方から脱したいという明確な意志を持っていた人間は、私の他にもいました。社長のグレンです。彼は「もっと科学的に確率高くヒットを生み出せないのか。巨額の資金を投入するのにビジネスマンとして外すことは許されない」といつも振り絞るように言っていました。

そんな彼の後押しを受けて、私やマーケティング部の人間は、エンターテイメント部や技術部が製作するアトラクションやイベントに対して、消費者目線からダメ出しできる権限をもらいました。それまでも共同作業の中でマーケティングの人間が自分の意見を言うことはあったと思いますが、私が入社してからは文字通り戦いの日々が始まったのです。

２０１０年の入社当時マーケティング部長だった私は、横の関係である他部署の部次長クラスと頻繁にバトルになりました。それまでは好きなように作れていたのに、私が来てからはマーケティングがどんどん口出しするので、快く思われていなかったに違いありません。それでも消費者が喜ぶものでないと彼らの努力も報われないという信念のもと、私達はガンガン消費者視点からのダメ出しをして、だんだんその新しいやり方と間合いが定着していきました。

さらにグレンは、２０１２年に大きな組織構造の変革を行ったのです。私を本部長執行役員に昇格させ、エンターテイメント部やクリエイティブ部門などが私の直轄へと組織構造を変えていきます。マーケティング責任者がテーマパークのエンターテイメントにも最終責任を持つという大きな変化です。会社の発展のためとはいえ、勇気をもって実行したグレンは本当に偉かったと思います。彼はマーケティングに、テーマパーク内にあるエンターテイメントを消費者目線に合わせるための強力な権限をくれました。マーケティング・ドリブンの新しい組織構造に助けられて、２０１０年以前は3割程度だったアトラクションやイベント導入などの新プロジェクトの成功確率が、最近5年間の平均では97％と飛躍的な改善を見せるのです。

ＵＳＪの今の必勝パターンは、まずマーケティングが消費者や市場が望んでいるものを分析し、何を作るべきかを洞察して決めます。次にそれをどのように作るのかという段階で、クリエイターやプロデューサーらの作り手が必死にアイデアと技術を駆使して作っていきます。**エンターテイメントの傑作は彼らクリエイティブな人間達の創造性抜きには決して生まれません。**私のような頭の中が四角いマーケターでは決して成しえない仕事がそこにあります。私は心の底からクリエイティブな才能に溢《あふ》れる彼ら「天才」達の能力を尊敬しているのです。

製作段階では、マーケティングは、重要なタイミングで当初の戦略の意図通り作られているのか、消費者価値からズレていないかを確認します。消費者の視点から、必要ならば作り手側にダメ出しもせねばなりません。私達マーケターの仕事は、彼ら天才が努力すべき焦点を明確にすることであり、彼らの才能と努力がビジネスの結果によって報われるように導くことです。

マーケティングがなぜその役割を担うのかと言えば理由は1つしかありません。**マーケターは消費者理解の専門家**だからです。マーケティングが特別に偉いわけではないのです。マーケターは消費者の代理人なのです。マーケターは個人的な好みであれこれコメントをしてはいけません。あくまでもターゲットにしている消費者達がどう感じるかを念頭に、問題点があれば指摘しなくてはいけないのです。そうやって努力の焦点を絞ってでき上がっていくエンターテイメントは、どうやって売るかをマーケティングが最初から計算していますから、次から次にヒットするようになっていったのです。

ＵＳＪは消費者視点を大切にして、作ったものを売る会社から、売れるものを作る会社に変

わりました。これこそがUSJ最大の変化です。究極的に変わったのはこの1つだけ。消費者価値を高めるために会社全体が機能するようになったことだと私は考えています。

このようにマーケターの仕事は、会社のお金の使い道や従業員達のあらゆる努力を、消費者にとって意味のある価値に繋がるようにシフトさせることです。その仕組みがうまく機能するようになれば、でき上がった商品やサービスは、必ず消費者に支持されるものになっていきます。結果としてブランドへの消費者評価は高まり、会社の業績は格段に上向いていくのです。

なぜ「消費者視点」は簡単にできないのか？

「消費者の方を向いて働く」ということは、考えてみれば当たり前のことです。にもかかわらず、なぜ会社単位では簡単ではないのかということを掘り下げてみたいと思います。まだ会社組織になじみのない学生の読者にとっては、大人の世界の残念な現実の一部をお話しすることになりますが、あえて踏み込みましょう。

会社という組織が消費者視点で一致団結することは、自然状態では困難だと私は考えています。大きな組織になればなるほどそれは難しい。その理由は、会社というたくさんの人が集まっている集団の中では、会社の利害と個人の利害が必ずしも一致しないからです。これは消費者視点や顧客目線といった課題に限りません。ほとんど全てのことにおいて当てはまると感じています。

会社という大きな船に乗っている1人の人間にとって、最も大切なことはなんでしょうか？面白くてヤリガイを感じる仕事をすることと答える人もいるでしょう。給与と待遇だと答える人もいるでしょう。どれだけ自分が成長できる経験をもらえるかと答える人もいるでしょう。たいていの人間は自分の生活の安定やキャリアの発展を軽視することはないでしょう。「私にとって会社の成長が何よりも大切だ」と本気で思っている人は少ないのが現実だと思います。

もしそういう人が多数を占める組織であれば、消費者視点の会社運営を徹底することは上手くいくと思われます。しかし現実は、個人の利害を会社全体の利害に優先させてしまうのが、多くの人間に当てはまる現実です。

現実の会社では、個人レベルの利害を土台にして、部門レベルの利害の軸が更に加わってきます。個人の利害（キャリアや生活の安定など）のためには、その部門が社内で他部門よりも重要視されていくことは大切だからです。XX部にとっては重要な権限、YY部にとっては死守しなければならない予算、ZZ部は部門競争に勝つために人員を拡充しなければならない等、部門間の利害があります。こうした個人や部門に代表される様々な利害のベクトルが、会社の中には縦横無尽に走っているのが現実です。この傾向は、一般的に大会社になればなるほど強くなります。

1つの事案の社内合意を取るためにも、多くの部門間の利害に配慮して、とても時間がかかるようになり、企業の意思決定のスピードは鈍化していくことになります。また個人間や部門間のパワーバランスを反映して、消費者価値としてのベストよりも「玉虫色」な妥協案に近づいていくことになります。そして従業員は、社内の利害の調整ばかりに多くの時間を割かれることになります。消費者価値にとって何が良いのかということを必死に考えるべき「外向き」の時間や労力が、どんどん「内向き」の社内政治に使われていくようになりがちです。

社会人の方は思い当たるフシがあるのではないですか。「なぜ自分は1日中、『会議のための会議』の資料作りばかりしているのだろう」と。

こうして、その会社はどんどん内向きになり、「消費者価値向上にとってベスト」という当たり前に思える道から、どんどんズレたことをやるようになります。

1人1人と話すと、皆が会社のことを考えている誠実で良い人たちのように思えるのですが、全体としてはなぜか消費者の方を向いて働いていない。そのような会社は、1人1人や各部門にとっては問題を避け続けているつもりでも、気がついたら船全体が難破ルートに乗っているのはよくある話です。

このように会社という組織には、個人や部門の利害が必ずしも一致しないという現実があります。自然状態でそれらは一致するはずがないと考える方が正しいのです。

つまり、**部門間や個人間の利害やしがらみをぶった切ってでも、消費者価値としてのベストを押し通す強力な意思決定の仕組みが必要**になります。その仕組みは自然にはできあがりません。会社のトップが意識的に権限を与えなくては実現しません。

ＵＳＪは「消費者の専門家であるマーケティングに、消費者視点を社内横断でドライブさせる仕組み」を選んで成功しました。ＵＳＪは「人をエンターテイメントで喜ばせるのが大好き」という純粋な価値観を持った人が多く所属していることや、社員数がまだ８００人程度の中規模な会社ということもあり、社内利害の不一致は比較的少なかったほうです。それでも、「作り手のこだわり」の消費者との不一致などは日常茶飯事でしたし、マーケティングに対する他部門との軋轢《あつれき》もそれなりにありました。今でもありますし、無ければむしろ不自然です。

　人というものは、できるだけ他人との衝突を回避したがる性質を持っています。その結果、「皆の意見」という利害を足し合わせて頭数で割ったような妥協案を求めがちです。いわゆる「落としどころ」というやつです。しかし**「落としどころ」は、ほとんどの場合において消費者最適ではありません**。

　ある人はカレーライスが良いと言う。別の人はすき焼きが良いと言う。そんなときに多くの会社では、誰かが頑張らないと「カレーすき焼き」を作って消費者に提供してしまうことになります。もしあなたがマーケターであれば、自分が何を食べたいかは一切関係なく、消費者が何を食べたがっているかのみを深く洞察しなくてはいけません。消費者がカレーライスを食べたがっているとわかったときに、あなたが取るべき行動は、社内をカレーライス一本でまとめることです。決して「カレーすき焼き」を作らせてはいけません。

　誰が何と言おうと、たとえ社長が「すき焼きが良い」と言っても、カレーライスで説得しなくてはいけません。消費者の求めるベストであるカレーライスで押し通す。それができなければ会社を勝たせることができないのです。こういうストレスのかかる環境で馬力が要求されるのもマーケターの宿命です。マーケティングをやる人は、そういう社内意思決定に関わる多くの部署や個人間のしがらみの中心に立たないといけません。

しかも部門や人々の間に立って利害を調整するだけの「伝書鳩」では仕事にならないのです。**自分起点で周囲を説得し倒して、人を動かすことが重要。**自分が信じる正しい方向に、自分以外の全員を説得して巻き込んでいく気概が必要になります。大変ですけど、やりがいも凄《すさ》まじいものがあります。マーケターとはそういう仕事です。

第1章のまとめ

会社組織における
マーケティングの役割

1. 会社がマーケティングに期待するのは主に「トップライン（売上）」を伸ばすこと。

2. マーケティングは売上を伸ばすための会社の「頭脳」であり「心臓」である。

3. ビジネスの結果を左右する衝くべき焦点を「ビジネス・ドライバー」という。

4. マーケティングの最初にすべき最重要な仕事は、「どう戦うか」の前に「どこで戦うか」を正しく見極めること⇒会社の「頭脳」。

5. 消費者視点の会社（Consumer Driven Company）になれば、自ブランドの価値を上げて業績を好転させることができる。

6. 自然状態としての会社組織は、会社の利害と個人や部門の利害は必ずしも一致しないので、消費者視点で全社を統一させて機能させることは容易ではない。

7. マーケティングは消費者理解の専門家として、消費者価値を最大化させる最善策を部門や個人の利害を超越して主張し、実現へ向けて牽引《けんいん》しなければならない⇒会社の「心臓」。

第2章

日本のほとんどの企業はマーケティングができていない

かつて日本の製造業を牽引《けんいん》した世界に誇るブランドの多くが苦境に立たされています。私が就職活動をした20年前にトヨタと並ぶ日本の誇りであったソニーは、当時は今のアップルのような存在でした。世界中の若者がCoolな「Sony」というブランドを愛して身につけたがっていたのです。それがあの当時ちっぽけだったサムスンにまで後塵《こうじん》を拝する日が来るなどとは想像できませんでした。

シャープに至っては苦境を通り越してもはやその惨状は極まっています。度重なる大規模リストラがどれだけ多くの社員やその家族達に切実な問題をもたらしているか。シャープ社員だけではありません。多くの関連企業にもシャープの惨状がどれだけ深刻なダメージを与えているか。シャープは大学の同期が何人か入社した会社でもありますし、大阪を代表する企業でもあるので「なんとか持ち直して欲しい」と心情的に強く連帯しています。しかし、シャープに関する報道を聞くにつれて、先行きの不透明さに私は心を痛めています。

日本を代表してきた多くの企業が苦境に陥っていますが、それは氷山の一角に過ぎません。大企業ですらそうなのですから、中小企業に至っては苦境や惨状は星の数ほど溢《あふ》れています。これら製造業をはじめとする多くの企業の惨状や日本経済の停滞は、なぜもたらされたのか？

日本企業は長期にわたって技術志向に偏りすぎ、マーケティングをちゃんとやってこなかったツケが回ってきたのだと私は考えています。

多くの日本企業は「技術志向」に陥っている

多くの日本企業が陥っている「技術志向」とはどういうことでしょうか？　それは簡単に言うと、「液晶パネルを発明したからＴＶを作ろう」という発想です。かつてはそれでよかったのです。新しい技術は消費者が喜んで受け入れてくれました。しかし技術が成熟してくると、圧倒的な新製品というのは生まれにくくなります。作る側は小さな差別化にこだわるようになり、やがて消費者のニーズからズレていきます。

その最たる例が携帯電話でしょう。ほんの数年前まで、日本中のメーカーが携帯電話を製造していました。しかし皆さんは感じませんでしたか？「こんな機能、誰が使うの？」「こんな分厚い取扱説明書、読んでられない！」

そこに登場したのが、スティーブ・ジョブズです。彼は天才エンジニアであり、天才経営者ですが、その本質は「天性のマーケター」であったと私は思います。ジョブズは常に、「テキサスのおばさんでも簡単に使える機械」を目指していたそうです。

彼は携帯電話からボタンをほとんどなくすために「タッチパネル」という方式を採用しました。「タッチパネルを発明したからアイフォーンを作った」のではないのです。消費者がどうしたら最も使いやすいかを考えて、タッチパネルを採用したのです。

さらに彼は日本企業の常識では絶対に考えられないことをしました。アイフォーンを「取扱説明書なし」で売り出してしまったのです。

その結果がどうなったのかは、皆さんの知る通りです。アップルだけが巨大な市場を手に入れ、ほとんどの日本企業は退場を余儀なくされました。

それはマーケティング部なのか？

ジョブズの例は特殊かもしれませんが、実は欧米の企業では、マーケティング出身者が社長をしているケースが非常に多いのです。マーケティング出身者が企業トップに向いているのは、若いときから部門間のしがらみの中心で強いリーダーシップを発揮する修養を積んでいるからです。また、消費者視点での意思決定を重視することは、成功する経営者にとって必須《ひっす》の資質といえるからです。

しかしながら、日本の優良企業において、マーケティング出身者が社長になっているケースはあるのでしょうか？　ゼロではありませんが、かなりの少数派です。なぜでしょう？

それは日本企業の多くがマーケティングのキャリアを伸ばすような構造ではないからだと私は考えています。もう少しぶっちゃけて書きますと、ちゃんと機能しているマーケティング部がそもそもなかったり、強いマーケターもあまりいないのが実情だからです。もちろん全てとは言いません。例えば、かつてP&G時代に私も直接戦ってその実力をよく知っている「花王」や「ユニ・チャーム」のような、素晴らしい日本のマーケティング・カンパニーは他にもあります。しかしながら、大半の日本企業に言えることですが、本気で整備されたマーケティング組織が機能しているケースは珍しいというのが私の率直な見方です。

日本企業にも一応、マーケティング部というセクションは存在しているのですが、たいていそれはマーケティングをしている組織ではないのです。わかりやすく書くと、「マーケティング部がないと会社の体裁として格好悪い」という程度の理由で存在しているマーケティング部が多いのです。

たいていは営業支援の仕事か、あるいは営業と生産の計画（S&OP）を調整している程度で、会社単位の意思決定をドライブできている本来のマーケティング部を見ることはほとんどありません。もっと言えば社内的に微妙な立ち位置の部署なので、営業などから本社勤務による人脈作りとして派遣され、一定期間が過ぎると元の部署に戻るパターンも多いようです。

そういうわけですから、マーケティングの専門性など最初から持ち合わせていない人たちが多いのです。こういう会社においては、マーケティング部が何をしているのか社内でも明確に理解されていません。「広告を作っている部署？」程度にしか認識されていません。その広告戦略についてすら、広告代理店に丸投げしているのが現状です。

このような企業の場合は、マーケティング部長と呼ばれている人も、マーケティングの体系だった学問を修めていないどころか、マーケティングの実戦経験すら持ち合わせていない人が多いようです。営業とマーケティングの違いすら明確に答えられない人も少なくありません。

TVCMなどは華やかな仕事なので関わるのは大好きですが、強力なCMを作る自分自身のノウハウがないので、広告代理店が作るものに自分（あるいは上司）の好き嫌いだけでコメントしています。広告代理店に高い要求を突きつけて自社により有利な条件を引き出すどころか、言い方は悪いですが、おだてられ持ち上げられて、広告代理店のカモにされている人もよくいらっしゃいます。マーケティングという看板をかかげているのに、マーケティングをしないことが許される部署はやはりおかしいのではないでしょうか。

ＴＶＣＭから日本のマーケティングの現状を考える

ＴＶを観ていると禁じえないため息

「はぁ、このＣＭ最悪。意味わからん、カネの無駄やわ……」

「ああ、この会社も広告代理店に激しくボラれているな」

職業柄、ＴＶを観ながら一番気になるのはＴＶＣＭですが、本当につぶやきとため息ばかり出てしまいます。目的を間違えているＴＶＣＭが多すぎるのです。企業が多額のお金を使うＴＶＣＭが何のために存在するのか？　それはその企業のビジネスを伸ばすためです。それ以外に何一つ存在する理由はありません。「面白い広告」でお茶の間の人々を笑わせることは、手段としては否定しませんが、それは広告の目的には絶対になり得ないのです。まして広告代理店のクリエイティブがカンヌで受賞することなど、絶対にＴＶＣＭの目的であってはならないのです。

広告の唯一無二の目的は、その企業のブランド価値を向上させて売上を伸ばすこと。にもかかわらず、現実はビジネスを伸ばさないＴＶＣＭがあまりに多すぎます。私の所感では、日本のお茶の間に流れているＴＶＣＭの半分以上は、その点でダメなＣＭです。思わず噴き出すような面白い広告は退屈なお茶の間にはありがたいものですが、それにしても「何が言いたいＣＭだったっけ？」とか「商品名は何だったっけ？」という基本的な質問に答えられないものが多すぎます。お金を使う企業の立場からすれば、いくら面白くてもダメなＴＶＣＭと言わざるを得ません。

大企業あるある

具体名は控えますが、日本を代表するある大企業のTVCMキャンペーンでは、商材ごとに異なるCMを同時期に4〜5本も流しています。それぞれに6000万円から億クラスの契約金の一級タレントをふんだんに使った豪華なCMの束です。

しかし！　その1つ1つがわかりにくくてバラバラ……。1つ1つのCMのメッセージが違うことは問題ではないです。問題なのは、1つ1つの言いたいメッセージがものすごくわかりにくいこと。そのブランドの売上を伸ばすこととはどう考えても直結していない。

更には同じ会社の統一ブランドとして商売をしているはずなのに、全てのCMのトーンや雰囲気がバラバラで、全てが別会社の別ブランドのように見える。せっかく何本も大量に流しているのに、その圧倒的な量を活《い》かせていないのはもったいない。

なぜバラバラなのか？　人間関係や会社のお付き合いを重視するこのような伝統的大企業では、あちこちに良い顔をしたいものですから広告代理店を1つに絞り込めない。A社B社C社を同時に使って、それぞれに仕事を発注してしまうからなんですね。大クライアント様なので各社とも優秀なクリエイティブをつけることが多いのですが、肝心のこの大企業のマーケティング担当者の能力に問題があるので、広告代理店クリエイティブという人種をちゃんと正しく導けないのです。

結果として売れるCMというよりも個性が強くて面白いCMを作ることが関の山。統一したブランディングがますますやりにくいことになります。これは広告業界によく見られる「大企業あるある」です。

しかしながら、私は率直に思うのです。短期的にそれらの商品を売ることにも、中長期的にブランドイメージを作ることにも大して寄与しないキャンペーンに、この会社は数百億円も無駄にしていていいのだろうかと。

この会社は圧倒的な製品力でブランドを作って成功してきました。行き詰まるまでは、このあからさまな「技術志向」のまま、マーケティングを軽視して進んでいくことでしょう。これまでそれで成功してきたのですから、私がとやかく言う問題ではないのはわかっています。

私はただ心の底から祈っております。この会社の技術力が競合各社に追いつかれる日がいつまでも来ないことを……。

費用対効果が問われない巨額投資？

後の章で解説しますが、ＴＶＣＭは消費者が「そのブランドを知っているという状態（消費者認知）」と「買いたいと思ってもらう状態（購入意向）」を作る強力な武器です。また、やりようによっては中長期にわたって消費者の頭の中に一定の強力なブランドイメージを作り上げることができます。そのブランドイメージこそが、競争に勝ち残っていくための最大の武器になるのです。だから企業は、ＴＶＣＭには最も大きなマーケティング予算を割いています。全国規模の展開であれば、だいたいの企業がウン十億円のレベル、大きな企業であればもう1つ桁《けた》の大きな巨額を投じていることも珍しくありません。ＴＶＣＭをやるということは、その企業はそのくらい途方もない額のお金を使っているということです。

にもかかわらず、ＴＶＣＭを使用している多くの企業のうち、一体どれだけが自社のＴＶＣＭの効果をきっちりと測定分析できているでしょうか？　広告代理店から年に1回届けられる「メディア・レビュー」と題された彼らにとって都合の良いデータの話をしているのではありません。私が言っているのは、自社内で効果を判断できる能力の話です。

敢《あ》えて申し上げましょう。大多数の日本企業では、ＴＶＣＭの効果測定ができていません。効果測定を自社内でちゃんとやる能力すらありません。だから広告代理店やＴＶ局にとって、いつまでも最高に素晴らしいお客様なのです。

考えてみてください。年間予算が50億円や１００億円のような巨額のＴＶＣＭキャンペーンを行っている会社が、その投資効果が自分達ではわからないって？　それはあまりにも異常だと思いませんか？　私ならばそんな会社の株を買うことは絶対にありません。こういうわからないことにお金をたくさん使っている上に、やりっぱなしでも平気という恐ろしい会社が日本には実にゴロゴロしています。

なぜでしょうか？　答えは明確です。それらの会社にちゃんとしたマーケティングの機能がないからです。

ＵＳＪがやったように、マーケティングができるスタッフをある程度の人数揃えて、そのマーケティングが機能する組織構造と社内のシステムを作れば、より効率的な広告予算の執行を実現できるようになります。まず違ってくるのは、ＴＶＣＭの質です。本当に顧客に買いたいと思わせるＴＶＣＭを広告代理店に作らせることができるようになります。私は信じているのですが、**ＴＶＣＭは量よりも質**です。質が良くない広告をどれだけ打っても、広告代理店とＴ

V局が儲《もう》かるだけです。

そして量についても、メディアプラン（誰を狙ってどのようにTVCMを流すか、どの番組のどのCM枠をいくらで買うのか）の効率がどんどん良くなっていきます。結果としてその会社の業績がビックリするくらい上向きに変わっていきます。

ちなみにUSJでは、TVCMは放映する前に消費者調査でその効果を測定し、オンエアするかどうかを判断しています。またオンエア後の実際のビジネスの結果と、オンエア前のテストデータの相関関係を分析し、調査分析モデルそのものの精度に日々磨きをかけています。TVCMに毎年何十億円も費やしているから、その程度は当然だと思っています。マーケティングが会社に対して責任を持つべき、最大のビジネス・ドライバーの1つだからです。その効果を自ら判断できないなんてあり得ません。許されざる怠慢だと私は考えています。

マーケティングはもともと日本にはなかった学問

自由競争から生まれたマーケティング

マーケティングは、アメリカ合衆国生まれの考え方です。学問として体系化されたのは19世紀後半から20世紀にかけてで、アメリカを中心とする実務者と研究者の努力の積み重ねで確立されていきました。アメリカで生まれて発展していった主な理由は、アメリカが世界に先駆けて「自由競争市場」を作り上げたからです。自由競争市場というと聞こえは良いのですが、自由主義経済の考え方を反映した激しい競争マーケットになります。

自由主義経済とは、政治による規制が少なく、その市場に誰もがいつでも参加でき、撤退できる（参入と退出の自由）、自社商品の値段を好きなように設定できる（価格設定の自由）、そして好きな商品を好きなように開発販売できる（商品開発の自由）の3つが尊重される経済システムです。その市場への挑戦者は当然多くなり、弱肉強食の戦いとなるので、勝者と敗者の明暗が分かれます。そのような環境で「生き残る」という必要性に迫られることで方法論がより磨かれて発達していくことは当然の流れです。そうやって生まれた考え方がマーケティングなのです。

マーケティングの力で世界を制したアメリカ企業

いち早くマーケティングを研ぎ澄ましていったいくつものアメリカ企業は、爆発的な勢いで成長し、アメリカ国内に留《とど》まらず、世界的企業へと大いに飛躍していきました。わかりやすい例としては、米国中西部のシンシナティーという田舎で石鹸《せっけん》とロウソクを売っていた「P&G」（プロクター・アンド・ギャンブル社。私の古巣でもあります）は、世界最大の消費財メーカーへと発展していきました。炭酸飲料でおなじみの「コカ・コーラ社」も世界最大のソフトドリンクメーカーへと飛躍し、「マクドナルド社」も世界最大のファストフード企業へと著しい成長を遂げたのです。

これらの会社はマーケティング技術を更に発展させるための新たな試みを生み出し、様々な革新をもたらします。諸説あるようですが、例えばP&Gは、世界で初めて組織だった消費者サンプリングの技法（家庭用洗濯洗剤を消費者の家の玄関に置いてまわり、商品使用経験率を強制的に上げることで購買促進を行った）を確立したり、急速に普及していったTV放送に着目し、商品プロモーション目的で初めてTVCMを使用したと言われています。

コカ・コーラは古くからブランドイメージの強化に熱心で、ブランドを知財として認識して類似品に対する法廷闘争に早くから注力したことで知られます。また、自社をブランド戦略構築と原液を売るボトリングカンパニーとして確立し、消費者に一番近い現地で瓶詰めするボトラーを広く募るフランチャイズ形式を確立したことで一気にビジネスを拡大、瞬く間に全米を手中にし、世界へと飛躍していきました。

他にもマーケティングの先人たちが血のにじむような試行錯誤で積み重ねた多くのマーケティング技法があり、現代の我々は幸運なことにそれらを学ぶところから始めることができるのです。

これらのマーケティング企業の爆発的な成長に共通しているのは、「ブランド・マネジメント・システム」と呼ばれる経営管理手法を活用することで成長してきたことです。ブランド・マネジメント・システムとは、ブランドごとに収益責任を持つ担当者（ブランド・マネージャー）を置き、複数の部署からなるチームを束ねて牽引するシステムです。いわば企業内社長のような役割を担わせ、ブランドそれぞれが小さな会社のように「ブランド価値向上」の意思決定が行える単位として組織された会社構造です。ブランド・マネジメント・システムによって、部門の障壁を越えた消費者視点でブランド価値を飛躍させることができました。

特筆すべきは、このような実戦の積み重ねにより培われたマーケティングの発展の舞台は、**巨大な自由競争市場のアメリ**ほとんどがアメリカであって日本ではなかったという事実……。

力において、企業が生き残るための消費者最適を担保する知恵を体系立てたもの、それが「マーケティング」という実戦学なのです。

したがって、マーケティングの概念も用語も、ほとんど英語表記しかありません。横文字はとっつきにくいと思う人もいるでしょうが、あきらめてください。米国が発展させてきた学問に乗っからせて頂いている我々は、残念ながら我慢して横文字を覚えるしかありません。本書ではその語句の意味などをしっかり日本語で解説しますので、それらマーケティング用語の意味する考え方をできるだけ積極的に覚えることをオススメします。

マーケティングが日本で発達してこなかった理由

規制によるバリア

長きにわたって本当の意味での自由競争からは縁遠かった日本。アメリカに比べたら、ほんの最近まで多くの要素で日本市場の競争はユルかった、少なくとも自由主義経済と胸を張れるようなものではなかったと私は考えています。

戦後の日本は、自由主義経済と言いつつも、政府や当局による規制と関与が大きい市場でした。自由競争を担保するために重要な3つの自由をちゃんと保障できている業界の方がむしろ少なく、戦後の歩みはむしろ統制経済に近かったと言うべきだと思います。

このような市場では競争が大きく阻害されるので、マーケティングへの逼迫《ひっぱく》した需要が大きくならなかったのは自然です。政府や役人の関与の大きい市場では、競争よりもむしろ、当局とどれだけ友好的な関係を作って維持するかということに重きが置かれるようになります。業界内でも、激しい競争行動をとる異端児となるよりも、取引先や競合と連携することで過度な競争を避けたり、新規参入者をブロックすることで既得権をお互いに確保する方がむしろ有利となるのです。

国内産業の育成という目的に立ったときに、そのやり方が悪かったとは一概には言えません。日本はそのやり方で高度経済成長を実現し、世界トップクラスの経済大国へと成長したのですから。

戦後日本の経済産業施策の是非をここで議論することは私の意図ではありません。ただ、1つだけ言えることがあります。時代が変わってしまったということです。現在では世界が1つの市場となり、望むと望まぬにかかわらず、誰もが自由競争に巻き込まれているのです。

終身雇用のバリア

長年にわたって日本にマーケティングが根付かなかったもう1つの要因に、戦後長く続いた終身雇用制度の影響もあると思います。もともと日本になかったマーケティングという考え方を会社として取り入れるには、どこかで有能なマーケターを中途採用しなくてはいけなかったはずです。しかし終身雇用全盛の時代には、それは簡単ではなかったと思います。

もし日本企業が厳しい競争にさらされ、生き残り競争を強いられていたら？　生き残るためにマーケティングを取り入れる動きはもっと盛んになっていただろうと私は思います。マーケティングに頼らなくても生きていける時代が長く続いた、そういうことだったと思います。もちろん、そんな競争時代がもっと早く来ていたのであれば、終身雇用制度自体がもっと早く日本社会から消滅していたでしょうけれど。

中途採用で強力なマーケターを雇い入れることを躊躇《ちゅうちょ》する日本企業は現時点でも多くあります。給料と年齢が合わないことが多いのです。年功序列の給与制度そのもの、あるいはそのなごりを色濃く残している多くの日本企業では、同じ役職であれば職能の違いによる報酬の差はほとんどありません。例えば人事課長とマーケティング課長の給料は同水準なのです。

しかしながら現実の労働市場では、年功や職級などではなく「その人が何ができるのか＝職能」によって報酬は決まっていきます。労働市場では、「人事マネージャー職能」と「マーケティングマネージャー職能」の報酬水準は、少なからず異なるのです。社内水準よりも高額な報酬を必要とするマーケティングの専門家を雇い入れるには、給与水準が合わない場合が多いのです。

また、活躍するマーケターは若くして役職や年収を上げていきますので、年齢という意味でも年功序列の風土を残す会社ではなかなか悩ましいものがあります。日本文化的には、責任ある役職を任されるのには若すぎる、あるいは周囲とのバランスで若すぎるという心理的抵抗があるようです。

それらの悩ましさに加えて、企業の上層部がマーケティング力の強化に本腰を入れない理由が、あと2つほど考えられます。1つは「どうしたらいいかわからない」というもの。自分達がマーケティングを知らないままずっとやってきた世代なので、果たしてどうやって組織を作って、誰を雇って、どうやって社内運用すれば良いのか見当がつかない。更には自分達（社長や幹部）も「正直言ってマーケティングの言っていることがどう正しいかもよくわからないので、組織を変革するのが不安だ」というパターン。

もう1つは「己を凌《しの》ぐものを嫌がる」というパターン。これは創業者や中興の祖がまだ健在なワンマン企業に多いパターンです。突出したリーダーの直感と判断によって成功してきた成功体験が、違うやり方への変更の必要性を薄めています。また、少なからずこの絶対権力者の「エゴ」がバリアになる場合もあり得ます。「マーケターだかなんだか知らんが、自分以外の人間が重要な方針を決めていくのは面白くない」というケース。この絶対権力者の頭脳と健康が永遠に続くのであれば、会社の未来はきっと安泰でしょうが……。

USJの場合は、グレン・ガンペル前社長がマーケティングを重用して、そのチームを機能させる大きな権限とスペースをくれました。そのような賢明なリーダーシップこそが、本当の意味での大将の器だと思うのですが。

現在の状態が続けば、**給料と年齢が日本企業の風土に合わないため、日本にいる強いマーケターもどんどん外資系企業に集まってしまいます。**

私の実例で話しましょう。私は大学を卒業してP&Gという会社に入社し、猛烈に強火で経験を積んで、20代後半ではブランドマネージャーとして1つのヘアケア・ブランドの国内事業の利益責任と組織責任を負っていました。30代前半にはヘアケア事業部の複数のブランド群を束ねたカテゴリーのマネジメントをやり、30代半ばにはP&Gが買収した企業へ№2として乗り込んで、マーケティングのみならず複数の部門を直轄する会社単位のマネジメント視点の経験も積みました。

その後に現在のＵＳＪに転職したのですが、それは37歳の時点です。日本企業としての風土を色濃く残していた当時のＵＳＪでは、私は会社の上位幹部の中で1人だけ突出して若く、部下の多くが年長者という状態でスタートしました。

雇われた私の方は、スキルと年齢は必ずしも関係ないとわかっていますし、年上の部下はＰ＆Ｇでも何人も経験していたので気にしません。しかし組織全体の調和を重視する多くの日本企業において、私を雇い入れたＵＳＪのような判断ができる会社が果たしてどのくらいあるでしょうか？

終身雇用と年功序列の人事体系によるバリアは、今も日本社会にとって現在進行形の問題だと私は思っています。強いマーケターが伝統的日本企業にどんどん入っていくようになるには、日本企業サイドの人事体系に少なからず変化を起こさないと難しいと思います。

当然ですがマーケター達は、年収を減らしたいとは思っていませんし、年齢を理由に役職が下がることなんて望んでいません。

私の予測ですが、おそらく驚くべき速度でこの状況は変わっていくと思います。業績を急回復させる場合はもちろん、長い眼で新卒採用からじっくりマーケターを育てる場合でも、教えられる人間を雇わない限りは始まらないのです。マーケティング力強化のためには、実績のあるマーケターを中途採用することは避けられないはずです。というか、変わらざるを得なくなると思います。かつてのＵＳＪのように、追い込まれた企業が生き残るために変わっていくか、変われないまま市場から消滅していくのか、選択を迫られる時代になっているのです。

技術志向のバリア

戦後の高度経済成長時代は、日本経済全体が右肩上がりでした。どんどん成長した量的成長の時代でした。その何十年も続いた波に乗って成長してきた日本の大企業の多くは、技術の優位性を信じ、「良い製品を作れば売れる」ということを信じてきました。

確かに、他社商品に対して有利に差別化できる技術さえあれば、強力なマーケティングの出番がなくても成功することは不可能ではありませんでした。実際に日本の製造業の多くは、そうやって世界に冠たる一時代を築いていったのです。

しかも「技術」を獲得していくという目的に対しては、終身雇用制や年功序列の日本的なやり方は合っていました。1人の人間が1つの企業の具体的な技術課題に特化できること、長期間かけないと獲得できない多くの技術領域を習得できること、より長きにわたって技術者とその企業の利害を一致させて共有しやすいことなど、多くの利点があります。技術者が会社を転々としながら個人の利害を追求するやり方では得ることのできない多くの成果を、間違いなく企業側にもたらしたと考えられます。

その反面、日本における技術志向の隆盛は、マーケティングの発展を遅らせてしまいました。マーケティング力が必要に迫られることで本当に発達するのは、むしろ技術による商品差別化が困難ないわゆる「ローテク」業界です。わかりやすい例として「水（ミネラルウオーター）」を売ることを想像してみてください。マーケティングの力なしにeviánを他ブランドと差別化できますか？　ローテク業界は技術に頼れないから、マーケティングで何とかするしかないのです。

私がかつていたP&Gも製造業ですが、作っている家庭消費財の多くは言ってみれば「ローテク」です。私が担当していたシャンプーなども、数々の技術特許があるとはいえ、しょせんは誰でも釜《かま》を焚《た》いたら作れてしまうのです。大きな資本も要らず「誰でも作れる」製品なので、市場参入しているプレイヤーは星の数ほどいます。

またシャンプーなどは、劇的に製品性能が向上したり、革新的な新製品が生まれたりすることが滅多に起こらないのです。それでもできる限り自ブランドを差別化しようと努力を繰り返し、小さなシェア同士で激しくドングリの背比べをしています。

技術革新が少ない中でどうやって競争しているか？　売り方の工夫を研ぎ澄ましているのです。消費者をより深く理解して、商品のコンセプトを変えてみたり、ちょっとだけパッケージを変えてみたり、なんか効きそうに聞こえる有効成分を少しだけ入れてみたり、TVCMを変えてみたり、話題化させる方法を考えてみたり、店頭展開や価格をいじってみたり、生き残るために毎日が必死です。

そういうわけで消費財業界やサービス業に代表される、「ローテク業界」ではマーケティング技術がものすごく発達するのです。対して、日本の高度経済成長を引っ張ってきた家電や自動車などのハイテク製造業は、参入に巨大資本が必要な上に、一昔前までは技術革新による差別化や新規ニーズの創出が可能でした。マーケティング志向が育つ素地である「競争の激しさ」がそもそも弱かったのです。

「技術」と「マーケティング」の両方を手に入れた企業が勝つ

企業が生き残って成長していくためには、私は「技術力」と「マーケティング力」の両方が重要だと考えています。もちろん、技術が先行したり、逆にマーケティングが優勢だったり、社内文化がどちらかに傾くことはあるかと思います。しかしながら、得意な片方だけでなく、苦手なもう1つもそれなりにできないことには、将来的に企業の存続に関わるリスクを抱えることになります。

なぜなら、どれだけ技術力に優れようとも、それだけで常に競争優位や市場創出を実現できるほどの技術革新は頻繁には起こらない時代になっているからです。また、マーケティングの力なくしては、技術力を発揮すべき方向性を間違えるリスクも大きいからです。

逆にマーケティング力だけで生きていけるかと言えば、それはそれで継続性のリスクが大きい。マーケティング戦略を実現するためにも一定の技術力は必要ですし、「売る種」が全く無いのに売り方だけのアイデアや工夫がいつまでも続くわけはありません。

日本市場はすでに成熟し、少子高齢化のせいで国内市場は縮小を見込まれ、多くの大企業はいやがおうでも国外でも戦わざるを得なくなっています。世界と繋《つな》がることで自由競争を余儀なくされる時代がやってきているのです。

「良いものを作れば売れる」時代はすでに終わり、「売れたものが良いもの」という時代がやってきました。会社の限られた経営資源（カネ、ヒト、モノ、情報、時間、ブランド資産など）を、経営者や技術者や作り手のエゴにではなく、消費者価値を大きく向上させるものだけに効率よく投資しないと生き残れない時代がやってきました。

そんな時代に生き残っていくために、私が考えるオススメの企業形態は、今のＵＳＪのようにマーケティング優勢で技術力を活用する会社です。

技術開発の向かうべき方向性と、開発すべき商品コンセプトなどは、マーケティングが商業化を念頭に最初に決定することになります。技術陣はマーケティングから要求された商品開発に集中します。こうやって生み出された商品は、消費者理解に根ざしてマーケティングが「売れる」という確信を持ち最初にオーダーしたものに近いはずです。商業化するステージでのリスクが既に下がっているので、成功する確率がグンと上がることになります。

これがマーケティング・ドリブンの「売れるものを作る」システムです。ＵＳＪも技術志向からマーケティング・ドリブンに組織構造を作り変えることで、苦境を脱することができました。

現在では大半の会社が技術力だけでは生き残れなくなりました。かつて世界を制覇した日本の製造業の名だたる企業も苦境に立たされ、いくつもの企業がまさに今惨状を呈しています。関係者から話を伺う機会も多いのですが、共通しているのは、技術志向一本槍《やり》で成功してきた企業体質からの脱皮は、なかなか進まないということです。未《いま》だに「作ったものを売る」システムの中で喘《あえ》いでいます。

技術陣の中で評価が高いものが、消費者に評価が高いとは限りません。また、ラボテスト（実験室内でのテスト）やブラインドテスト（ブランド名を隠した消費者テスト）で高評価であったとしても、商業化に成功できるとは限りません。技術陣が盛り上がるものが、非常に売りにくいということはよくあるのです。

そのギャップを矯正する存在として、組織横断的に「消費者視点」の太い横串《よこぐし》を一本入れるマーケティングの働きが、今後の企業には欠かせないと思うのです。

私はまだ悲観はしていません。なぜなら**強力な「マーケティング力」さえ獲得できれば、日本の誇る「技術力」が再び輝きを放つ**と信じているからです。海外のライバル企業の幹部などから、日本企業の技術力への尋常ならざる評価をよく聞きます。要約すると「うらやましい」そうです。それだけの技術力があれば、自分達ならばもっと成長できるだろうと。そのくらい、日本人の培ってきた技術力は素晴らしい水準にあります。世界水準に照らしても、日本企業のもっている技術や品質管理の水準が突出している領域が山ほどあるようです。

それなのに苦境に立たされるということは、**マーケティング力に問題があるということです**。**問題点を自覚することから反撃は始まる**のではないでしょうか。技術はある、ならばその技術を活かすマーケティングを強化すればよいはず。激動の時代です。ビジネス環境は待ってはくれないのです。生き残りをかけて、マーケティング機能をいち早く強化できた企業が勝ち残ると私は信じて疑いません。

それは大企業に限った話ではありません。社員数十人の中小企業でも、数人のベンチャーでも同じことです。さらに言えば、大企業の中の1プロジェクトでも、マーケティング機能を強化すれば劇的に成功できるはずです。

この章の最後に私が最も申し上げたいことがあります。マーケティング発展途上国の日本では、マーケターの需要がこれからどんどん高まるのは間違いないということです。今でもすでに、多くの企業は優秀なマーケターが喉《のど》から手が出るほど欲しいのです。

これからどれだけ多くの企業が、多くの重要なポジションをマーケターに開いていくか、それをちょっと想像してみてください。私がこの本を書いているのは、将来的に激増すると確信する日本のマーケティング需要を支えるためです。強力な日本人マーケターがもっと増えないと、これからの日本が国際競争の中で生き残っていけません。日本の未来のためにも、マーケティングの道に踏み出す人がどんどん現れることを願っております。

第2章のまとめ

日本のほとんどの企業は マーケティングができていない

1. 日本の多くの製造業が不振に陥っている原因は、技術志向に偏りすぎ、マーケティングを軽視してきたことにある。

2. TVCMの唯一の目的は自社のビジネスを伸ばすことだが、日本企業のTVCMはその使命を果たせていないものが多い。

3. 日本企業の多くのマーケティング部は、マーケティングを知らないし、マーケティングをしていない。

4. 日本の多くの企業が、マーケティングのキャリアを伸ばすような構造ではない。

5. マーケティングは、米国で生まれて米国の自由主義経済によって育てられた、企業が競争に生き残るための実戦学である。

6. 日本での発達が遅れた主な理由は、日本の技術志向、規制による競争阻害、終身雇用制などの事情によると考えられる。

7. マーケティング発展途上国である日本が競争激化時代に突入したことで、今後マーケティングの需要はますます高まるであろう。

第3章

マーケティングの本質とは何か？

前置きが長くなりましたが、この章からいよいよマーケティングの考え方を学んでいきましょう。マーケティングの本質的な部分について大きくつかんでもらうのが本章の目的です。

マーケターって誰のこと?

マーケターって誰のことでしょうか? 企業のマーケティング部の部員はマーケターでしょうか? 広告代理店でプランナーをしている人はマーケターでしょうか? マーケティングを研究している教授はマーケターでしょうか?

実は、ここに書いたどのパターンもマーケターであるとは限りません。マーケターであるかどうかは、その所属で決まる訳でも、マーケティングを頭で知っているかどうかでもないということです。ではマーケターとは誰のことを指すのか? シンプルな答えは「マーケティングができるかどうか」に尽きます。寿司《すし》をよく知っていることと寿司を握れることが全く違うように、マーケティングを知っていることとマーケティングをできることは全く違います。**マーケティングをできる人のことをマーケターと呼ぶ**のです。

経営学部のマーケティングの教授といえども、その多くはマーケターではありません。マーケティングをよく知っていることは間違いないですが、マーケティング実務を豊富に積まれた人は非常に少ない。もちろんマーケティング研究者の先生方は、実務者であるマーケターが逆に苦手とする客観的な視点からマーケティングの発展に貢献されているのであって、どちらが良い悪いという話ではありません。マーケティングの発展には実務者と研究者の両方が必要です。ここで強調したいのは、マーケティングができるマーケターになりたいのであれば、実戦経験をたくさん積む必要があるということ。実戦経験が無ければ、実際の戦場においてマーケティングを高確率で成功させることはできないのです。

逆に、アカデミックなマーケティングの勉強こそしていないけれど、もともとの高い知性と豊富な経験から学ばれた「顧客を喜ばせる工夫」が素晴らしくできていて、非常にマーケティングの理に適《かな》った商売をしている人達もいます。

私はいつもなじみのお店に行って思うのです、「まるでマーケターだな」と。私がクソガキの頃からお世話になっている行きつけの散髪屋の御主人。彼は既に70を過ぎていますが、立ち姿もシャキッとされていて現役バリバリです。年季が入った技術の高さは文句のつけようがありません。

私は、この散髪屋に髪を切りに行っているようで、本当は髪を切りに行っている訳ではないのです。カウンセリングに通っているというのが真実（笑）。「髪をカットする」というサービスだけならば他でもできるのですが、御主人は抜群の知性と話術で「客の心のウサや悩みまで見事にカット」してくれます。変に客に媚《こ》びることは一切無く、その時々に必要なことを洞察してズバッと直言してくれます。髪を切り終わった後のなんともスッキリすること！　**そこまで差別化されたサービスは、なかなか代替が見つかるものではありません。**「散髪を超えたカット力」こそが、異様に高いリピート率を獲得しているその店のビジネス・ドライバーです。

また、私が懇意にしている魚屋の若大将は、その時の仕入れで品質の良いものを勧めたり、買った魚の簡単でおいしい食べ方を勧めたり、自分が売る魚の満足度を上げることに余念がありません。メカブやらシジミなど、私の期待を上回る旬の「オマケ」も時折つけてくれます。冷静に考えると購入金額からすれば微々たるオマケなのですが、**こちらの期待を上回るサービスはやはり印象に残るもので、リピートし続ける理由になります。**言ってみれば、これは素晴らしいプロモーションですよね。

日本という国には、マーケターと自覚してはいないけれど、このような「市井のマーケター」もたくさんいらっしゃると思っています。

マーケティングって何?

ヘアケア製品を売っていた時代に、当時小学生の子供が聞いてきたんです。「おとうさんのおしごとってなに?」と。私は「マーケティングだよ」と答えたのですが、即座に「しまった!」と思いました。すぐに次の質問が想像できたからです。

「まーけてぃんぐってなに?」

そのとき私はちょっと考えてこう答えたのです。

「マーケティングってね、売るというよりもね、売れるようにする仕事だよ」

「商品を売る」のは営業の仕事、「商品を売れるようにする」のがマーケティングの仕事。

この違いがわかるでしょうか? もちろんマーケティングも「商品を売る」という広い意味

での営業活動の一部です。しかし敢《あ》えて両者の特性の違いを問われれば、マーケティングのなすべき仕事の焦点は「売るのではなく、売れるようにすること」だと私は考えています。

では「商品を売れるようにする」とはどういうことでしょうか？　簡単に言うと、放っておいても顧客が商品をバンバン買っていく状態を作り上げるということです。事実、マーケティングが優秀になると、営業はものすごく楽に商品を売ることができるようになります。放っておいても売れるということは、自社商品が顧客に**「選ばれる必然（選ばれて当たり前の理由）」**を作れているということ。

顧客の違いによってマーケティングを大きく2系統に分けることがあります。1つは、**法人（会社）を顧客として商品を売る場合、これは「B to B マーケティング」**と言います。これは、Business to Business を略しています。簡単に言えば企業間取引のためのマーケティング技法です。

もう1つは、**個人（消費者）を顧客として商品を売る場合、これは「B to C マーケティング」**と言います。Cは Consumer（消費者）を意味しています。お茶の間で「商品を買ってー！」と皆さんにアピールしているTVCMがそれにあたります。「B to B」と「B to C」ではマーケティングのやり方に多少の違いがあります。しかし軸となるマーケティングの哲学は一貫していて同じです。

顧客の事情は違えども、選ばれる必然を作るマーケティングの本質に違いはありません。しかし本書では、マーケティングの入り口として最も一般的でわかりやすい「B to C」の目線で書くことにします。これ以降、本書でマーケティングと言えばそれは「消費者マーケティング」のことです。

マーケティングの本質

マーケティングの本質とは「売れる仕組みを作ること」です。どうやって売れるようにするのかと言うと、消費者と商品の接点を制する（コントロールする）ことで売れるようにするのです。

コントロールすべき消費者との接点は主に3つあります。

（1）消費者の頭の中を制する。
（2）店頭（買う場所）を制する。
（3）商品の使用体験を制する。

これら3つを制することで、売れる仕組みを作り上げます。3つとも重要なのですが、店頭での購入体験も、商品の使用体験も、最後は消費者の頭の中のイメージにつながっていきます。敢えて最も大切なものを選ぶとすると「消費者の頭の中」だと私は考えています。

（1）消費者の頭の中を制する

人の認識を有利に変えることで、自ブランドが選ばれる必然を作ります。選ばれる必然は人の頭の中に作ります。

認知率（Awareness）：人間は自分が知らないものに対しては購買行動をとりにくい生き物なのです。知らないブランドより、知っているブランドの方が安心なのです。まずは消費者にそのブランドの存在を知ってもらわないと始まりません。全てのマーケターが最も留意して頑張っているのは、自ブランドへの消費者認知の獲得なのです。

市場を100としたとき消費者が自ブランドを知っている割合を「認知率（Awareness）」と言います。一般的にこの認知率が高ければ高いほどブランドの売上は上がっていきます。認知を上げていくためのドライバーはたくさんあります。TVCMや紙媒体などのマス広告やPR、家の外を歩いているときに目にする屋外広告（OOH）や看板、インターネットなどのデジタル媒体やホームページ、店頭でそのブランドを初めて知ることも多いですし（店頭認知）、友人知人からの口コミも近年ではSNSの普及を背景に急速に力をつけてきました。実際の認知率は、どれか1つの認知経路で構築されるというよりも、複合的な認知ドライバーを組み合わせて構築していくことの方が一般的です。

人間は忘れる生き物です。消費者はよほど関心のあること以外はすぐに忘れてしまいます。一度上げた認知率も何もしないとどんどん下がっていきます。マーケティング予算に限りがある中で、まずどの高さの認知率を獲得するべきなのか、そしてどのように効率よくその認知を獲得して維持していくのか、マーケターは試行錯誤を繰り返しています。

ブランド・エクイティー（Brand Equity）：**消費者の頭の中にあるブランドに対する一定のイメージを「ブランド・エクイティー（Brand Equity）」と呼びます。**ブランド・エクイティーを競争に有利になるように築くことで、自ブランドはどんどん売れるようになります。マーケティングの本質的な仕事はそれなのです。**ブランド・エクイティーを築くための一連の活動を「ブランディング」と呼びます。**「マーケティングの仕事」＝「自社ブランドを売れるようにすること」＝「消費者の頭の中に自社ブランドが選ばれる必然を作ること」＝「競争に有利なブランド・エクイティーを築くこと」＝「ブランディング」です。

マーケティングの最大の仕事は、消費者の頭の中に「選ばれる必然」を作ること、そのための活動を「ブランディング」と呼ぶ。

Equityとは英語で「資産」という意味ですから、Brand Equityとは「消費者の頭の中に築かれたそのブランドの資産」という意味になります。ブランド・エクイティーは、消費者が認識しているそのブランドへの一定のイメージのポジティブなものもネガティブなものも全てを含みます。

例えば、「メルセデス・ベンツ」というブランドを思い浮かべて下さい。どのようなイメージが想起されるでしょうか？　高級車、ドイツの技術力、三ツ星のエンブレム、黒い色、お金持ちが乗っていそう、ちょっと怖い人も乗っていそう……。それらは全てメルセデス・ベンツのブランド・エクイティーです。

「吉野家」はどうでしょうか？　牛丼、オレンジの看板、はやい・うまい・やすい……。思い浮かんだ全てがあなたの頭の中にある「吉野家」のブランド・エクイティーです。

次に、思い浮かぶものが映像なのか言葉なのかちょっと意識しながらやってみてください。「東京ディズニーランド」と聞いて真っ先に何が思い浮かぶでしょうか？　ミッキーマウス（映像？）、シンデレラ城（映像？）、夢と魔法の国（言葉？）、ゲストの笑顔（映像？）、素晴らしい接客（映像？　言葉？）などでしょうか？　頭の中にかなりの映像が思い浮かぶことに気づかれたでしょうか。思い浮かんだものは言葉も映像も全てブランド・エクイティーです。ちなみに視覚は最強の感覚器ですので、グラフィカルな映像情報は脳内にブランド・エクイティーを作る大きな武器になります。

逆にブランド・エクイティーからそのブランドを想起してみましょう。アルプスの山々から湧き出したミネラルウオーターは？　馬のエンブレムと赤い車体の超高級スポーツカーは？　evianとフェラーリが思い浮かんだでしょうか。

では日本が生んだメジャー史上最高の天才打者は？　日本一熱い男は？「イチロー」さんと「松岡修造《まつおかしゅうぞう》」さんをすぐに思い浮かべたのではないでしょうか。著名人も立派なブランドなのです。

このように多くの消費者の頭の中にすぐに想起されるブランド・エクイティーを築けているのは、とても強いブランドの場合です。大半のブランドはこれらの強力なブランドのようにはいきません。まずイメージの前にブランド名すら知られていない「認知率」に大きな課題があることが多く、そこまで広く強く消費者の頭の中にブランド・エクイティーを構築しているものではありません。それらの強力なブランドは、長年の努力によって消費者の頭の中に一定のイメージを貯めてきたほんの一握りの成功者なのです。

ブランド・エクイティーの中には、消費者がそのブランドを選ぶ重要な理由になっているものと、そうでないものの両方があります。消費者に選ばれる強い理由になっているものを「戦略的ブランド・エクイティー：Strategic Brand Equity」といい、それこそが選ばれる必然の正体です。

消費者の頭の中のブランドへのイメージを、「資産」という言葉で表現するなんて、さすが米国のマーケティング先駆者達はよくわかっていたのだなと、私はあらためて尊敬します。ブランド・エクイティーとは文字通り、そのブランドの最重要な資産なのです。我々マーケターは様々なマーケティング活動を通して、消費者の頭の中に貯金をしているようなものです。強固に築き上げられたブランド・エクイティーは、まさに最強の「目に見えない資産」として、そのブランドを他ブランドと差別化し、競争を有利に展開させる原動力となります。

(2) 店頭を制する

皆さんはこのような経験はないでしょうか？　「自分が欲しいと思った商品を買おうと思って店頭に行ったのだけれど、その商品を見つけられなかった、品切れだった」。また「自分が本当に欲しいブランドは別にあるのだけど、それを売っている店が遠いので近くの店で売っている似たような商品を買った」。さらには「いつも買っているブランドをまた買うつもりだったけれど、店頭で別のブランドが安く山積《やまづみ》されていたので思わずそちらを買ってしまった」。

これらは全て自ブランドが店頭での戦いに負けているために起こったことです。消費者の頭の中に十分な認知と有利なブランド・エクイティーを築けていたとしても、そのことが必ずしも購入に結びつかない場合があります。それは「消費者が商品を購入する現場」に3つの大きなビジネス・ドライバーがあるからです。それらを有利にコントロールできなければ、ブランドの潜在的な売上がどんどん制限されてしまうことになります。

配荷率（Distribution）：店頭を制するために最も大切なのがこれです。自社ブランドがどれだけ多くの店頭で扱われているのか、その割合を配荷率といいます。言い換えれば、消費者が買える場所に商品がどのくらいの割合で展開されているかということです。消費者が買おうと思っても、その商品を買うことができる状態でないことには売上はゼロのままです。市場における配荷率が何％あるのかという指標は、マーケターにとって認知率と並ぶ最も基本的なビジネス・ドライバーです。

　食品や生活雑貨のように全国のGMS（総合スーパー）やドラッグストア、ホームセンターのような小売店に店頭を依存しているビジネスモデルもあれば、家電業界のように大型量販店が主戦場の業界、近年目覚ましい発達を遂げているインターネット通販で店頭展開しているビジネスモデルなど、業界によって様々です。

　私がかつて戦っていたシャンプーなどのヘアケア市場では、ドラッグストアに代表される小売業の店頭配荷が主戦場でした。毎年2回（春と秋に）棚変えの時期があり、限られた店頭の棚スペースに各社から投入される新商品が入り込む分、棚から落ちて配荷を失う商品も出てきます。また同じ棚でも少しでも消費者の目に付きやすいポジションを得るために熾烈《しれつ》な棚争いが繰り広げられます。

ブランド同士の配荷率をめぐる戦いは、流通業者（卸と小売）に対して競合ブランドよりも自ブランドを扱うメリットをどう作るのか、その「流通に選ばれる必然」が勝負になります。マージン率で勝負するのか、小売の客単価向上に貢献するのか、はたまた売上の大きさで勝負するのか、マーケターとして衝《つ》くべき点はいくつもありますが、最大の武器になるのは「消費者に強く求められる状態を作りだすこと」です。自ブランドが消費者に強く支持されていれば、流通にとっては売上が立つことが最大の理由になりますし、それを扱っていない小売店は客からの信用を落とします。取引条件が多少よくなくても積極的に扱わざるを得ないのです。

山積（Display）：人は買いたいものや買うべきものを常に覚えていられるわけではありません。そのブランドを認知していても買い物をしている瞬間には忘れているということはよくあることです。まして何万何千何百という商品が並んでいる店頭で、その商品を必ずしも買うとは限らないのです。店頭で自ブランドに気づいてもらうために、買い物客の目につきやすいところにできるだけ広いスペースを確保して「あ、これ買おうと思っていたの」とリマインド（思い出させる）させようとします。

棚の外での戦いはスペースが更に限られるのでもっと熾烈です。**棚の外で商品を目立たせる典型的なやり方に山積があります。**山積とは、小売店の棚のエンドなどで文字通り小山のように商品を積みあげて「この商品は特売ですよ！」と主張しているあの一角のことです。気づいてもらわないと買ってもらえない宿命のある店頭で、視覚的に目立つ展開をすることは、消費者に選ばれるために圧倒的に有利になります。山積の販売効果は強力です。かつて私のいたヘアケアなどでは、山積するのとしないのとでは、値段を全く変えていなくても数倍もの売上の差が生まれました。それだけ「店頭で見つけてもらうこと」は重要なのです。都会型のドラッグストアなど狭い店内にもかかわらず、小さなスペースを見つけて山積をあちこちで展開しているのもそのためです。

山積に代表される店頭プロモーションは、売り場の最前線である店頭を制するための重要なドライバーです。店頭プロモーションで代表的なものは、チラシ（新聞などの折り込みチラシで特売の告知を行う）や店頭推販《すいはん》（売り子が店頭に立って商品のデモンストレーションや試食などを行う）があります。いずれも店頭でその商品に気づいて買う確率を高める施策です。

価格（Pricing）：店頭においてマーケターが特別に心を砕いている3つ目は価格です。マーケターが店頭で展開したいと考えている価格は、必ずしも店頭で実現できるわけではありません。製造業（メーカー）のマーケターの多くが腐心しているのはそこです。製造業が直接消費者に売っているなら簡単ですが、まず卸業者に売られ、そこから小売業に売られて、消費者に売られています。店頭価格を最終的に決めるのは小売業です。

マーケターは、消費者に定着させたい価格ポイントが小売の店頭で展開されやすいように流通マージン（卸業者と小売業者に何%マージンをとらせるか）を逆算して、自ブランドの価格政策を決定します。しかし様々な業者間の思惑があるので、マーケターが望む価格で店頭展開されるとは限らないのです。

狙った店頭価格の幅よりも高すぎてもダメ、低すぎてもダメなのです。商品単価が消費者にとって高すぎると、その売上個数は想定どおりには伸びません。

逆に単価が安くて個数が伸びるのは良いことのようにも思えますが、3つほど問題があります。まず自ブランドの価格イメージが想定よりも「安い」と消費者に思われてしまうことが、ブランド戦略に合致しない場合。つまり安っぽいブランドと認識されてしまうことです。次に中長期での店頭展開のリスク。想定よりも安く売られているということは、小売などが自腹を切って流通マージンを薄くしていることを意味しています。利幅が薄いブランドとして流通に定着していくと、競合ブランドよりも自ブランドが店頭で手厚くサポートされる理由が減っていくのです。そして最後に、今後の値引き価格をもっと安くしないと売上が伸びないようになってしまうリスクもあります。価格プロモーション（値引きによる販売促進）というのは麻薬のようなもので、その価格で何度も注射を打っていると、消費者は刺激に慣れてしまってその価格を安いとはもう思わなくなってしまうのです。

大事なことは、中長期的にそのブランドが発展するために必要な価格の大きな考え方（価格戦略）をしっかりと定めて、それを実現するための具体的なプランを徹底的に詰めていくことです。マーケターが狙った価格帯で商品が売れているという状態を維持していくことが、売上（単価×個数）を中長期で最大化させてブランドを長く繁栄させていくことに繋がります。

私もかつてヘアケアビジネスにいた頃は、自分のブランドの平均価格や山積価格やチラシ価格などのデータを、チャネルごと（GMS、ドラッグストア、ホームセンターなどの小売業態別）にチェックして、思ったとおりの価格が実現されているかに一喜一憂していました。

ＵＳＪに移ってからは、各種チケットを消費者に直接販売できるようになりました。自分で店頭販売価格を１００％コントロールできることのありがたみを噛《か》み締めていました。しかし、ハリー・ポッターあたりから、消費者の購入価格をコントロールすることが一部のチケットで困難になってきました。

価格つながりの余談——ＵＳＪのネットダフ屋との戦い

報道で耳にされた方も多いと思いますが、ＵＳＪはネットダフ屋との激しい戦いに挑まなくてはならなくなりました。ＵＳＪの人気が過熱するに従って、いわゆるネットダフ屋がＵＳＪのエクスプレス・パス（指定されたアトラクションの待ち時間を短縮できるチケット）などを買い占めて、ネットの転売サイトなどで何倍もの高値で一般消費者に転売する行為が目に余るようになりました。

路上でやれば警察が捕まえるダフ屋行為を、ネット上では看過されている実態は消費者利益の観点から非常にまずいと私は考えています。ＵＳＪのチケットだけではありません。ジャニーズなど多くの人気の音楽イベントのチケットなども、警察が動かないのをいいことにネット転売屋のターゲットにされ、凄《すさ》まじい金額が取引されています。

以前、警視庁がジブリ美術館のチケットをネットで転売していた中国人女性を逮捕したことはありますが、ネットでのダフ屋行為の取り締まりは総じて警察全体ではまだまだ鈍重です。この状態を放置することは、チケットを最終的に買う側である消費者にとって甚だしく大きな問題です。

ダフ屋にあっという間に買い占められることで欲しいチケットが買えなくなる上に、何倍もの高値に吊《つ》り上げられて普通の値段で買うことができなくなるからです。路上でダフ屋をするよりも、ネットでより多くの人口にリーチできる今日において、ダフ屋被害はより広範囲にその深刻さを極めています。**本書をお読みのメディア関係者の方々、国会議員や警察関係者の皆様、どうか消費者利益のために路上と同じようにネットダフ屋を取り締まる体制整備へ向けて声を上げて下さい！**　足元を見られたファンは泣く泣く高い金を払わされているのです。ＵＳＪにも何百という消費者の悲鳴が届くようになってきていました。「高齢の母のためにエクスプレス・パスを買いたいのですが、どうしたら普通の値段で買えるのですか？」と。

正直言って、事業者側としては誰に売ろうが収入は変わらない訳ですから、ネットダフ屋が横行しても短期的に損する話ではありません。逆にこの問題が解決したとしてもＵＳＪとして収入が増える話でもありません。しかしＵＳＪは、このネット転売屋と本気で戦うことを決意し、奇特だと言われながらも２０１５年11月から大きな費用をかけて本格的な対策を開始しました。

なぜだかわかるでしょうか？　それは**ＵＳＪが中長期で消費者に信頼されるブランドになるためです**。言い換えれば「普通の人が、普通の時に、普通の値段で買えるブランド」であり続けるために、Pricingをできる限りコントロール下に置くことが大切だと考えているからです。そして、チケットに寄生して消費者から暴利を貪《むさぼ》る社会悪と戦うことは企業の責任だと考えています。

しかも、この社会悪のダフ屋行為で儲《もう》けているのは、転売屋本人だけではないのです。ネットでダフ屋の転売を可能としているチケット転売サイトの運営会社も、ダフ屋から手数料という分け前をもらって一緒に儲けています。驚くのは、それらのチケット転売サイトの大手が、上場会社であるはずのmixi（ミクシィ）が運営する「チケットキャンプ」などであること。警察が捕まえに来ないのであれば儲けるために何をやっても良いのでしょうか？　路上では逮捕される社会悪のダフ屋と、ネットだからといって一緒になって儲けても良いのでしょうか？これはコンプライアンス以前に、最低限の企業モラルの問題ではないでしょうか？

あるチケット転売サイト運営者は「都合が悪くなって行けなくなった人のために善意の転売を支援している」などと言います。しかし、彼らは善意の転売だけでなく、悪意の転売業者から多くの手数料収入を得ています。彼らの扱うチケットの中にある大量のダフ屋による出品を完全に排除できないのであれば、彼らがやっていることは結果的にダフ屋の片棒を担いでいることになります。

もう1つ、あるネット転売サイトの業者が言い訳にする論理があります。「ＵＳＪがチケットのキャンセルを受け付けないから悪い。転売を全て禁じてしまうのは消費者の利益に反する」と。

ＵＳＪがエクスプレス・パスなどのキャンセルを受け付けられない最大の理由を一言で申し上げましょう。それは「消費者の利益のため」です。ＵＳＪがキャンセルを受け付けたとしたら何が起こるか？　いつでもキャンセルできるからダフ屋にとって在庫リスクがなくなり、もっともっと買い占められるようになってしまいます。ダフ屋でない普通の消費者でさえも、いくつかの日程のチケットをとりあえずおさえておくという行為が続出し、ますます買えないチケットになってしまうのです。それは消費者利益を甚だしく害するのです。

もう1つの理由は、エクスプレス・パスはとても枠が細かい特殊なチケットであることです。ホテルの予約のような単純なものではなく、分単位におよぶ複数アトラクションの需要の順列と組み合わせを数学的に計算予測して極めて細やかな枠を設定している特殊なチケットなのです。細やかな枠設定のそれぞれを一杯に使い切っていますので、キャンセル可にして需要予測のブレが乱高下すれば、ますます売り出せるチケット数は限られ、そもそも商材として成立しなくなってしまうのです。

例えば東京ディズニーランドなどでも枠設定が細かいイベント等ではキャンセルを受け付けていませんし、ライブコンサートや各種イベント等でも枠設定が細かいもののキャンセルを受け付けない（というよりも受け付けられない）のはこの業界の標準で、ＵＳＪが特別な訳ではありません。海外のユニバーサルパークではキャンセルできても、ダフ屋に狙われるほど需要が過熱している現在のＵＳＪではできないのです。

この限りある特殊なチケットを誰にどう売るのが公平かについては、さまざまな考え方があると思いますが、ＵＳＪとしてはよりコミットメントの強い消費者を優先するのがフェアだと考えています。「本当に欲しい人をできるだけ優先したい」と考えているのです。「転売のための買い占め」や「なんちゃって予約のための買い占め」を防いで多くの消費者が買えるようにするためには「キャンセル不可」にするしか今のところ方法がないのです。

エクスプレス・パスは、キャンセルできないことを理解した上でそれでも買いたい人だけに買って頂くチケット。購入時にはその前提の了承を嫌というほど確認しています。キャンセルしたくなったごく少数のために、圧倒的大多数が不利益を受ける仕組みを許容するのは公平性と合理性を欠くと我々は判断したのです。

ダフ屋行為と断固戦うことにした我々は、おそらく世界初だと思うのですが、「鬼の一手」を打ちました。それは「転売されたことが確認できたチケットをパークで使えないようにする」というものです。転売屋から買った消費者側にまでリスクを負わせるこの強硬策に踏み切った大規模集客施設は、世界でUSJが初めてではないかと思います。

例えば、1人5万円に吊り上げられたチケットを4人家族全員分買った御一行は、20万円も費やしているのにパークに来てからそれが使えないのです。この策を実行するのには我々も相当悩みました。しかし路上のダフ屋のように警察が取り締まってくれるなら話は別ですが、そうでない現状において1企業ができる実効性ある対抗策、転売チケットに手を出さない圧倒的多数の顧客をネットダフ屋から守る方法は、それ以外にどうしても考えつかなかったのです。悩みに悩んだ末の苦肉の一策でした。

その強硬策を発表するや否や、一部のチケット転売サイト運営業者側から即座に「反対」の声が上がりました。当然です。ボリュームが大きいUSJのチケットで自分達が儲けられなくなるのは困りますし、ましてジャニーズなど他の大きな事業者にもUSJの動きに同調されると、ネットダフ屋から手数料を得る彼らのビジネスが成り立たなくなりますから。

その主張は「善意のチケットの転売は許されるべき」というもの。では「善意の転売」と

「悪意の転売」を区別する方法がどこにあるというのでしょうか？　**善意の転売だけを扱っているつもりであれば、USJに限らずサイト上の全てのチケット出品に関して定価を上回る取引を禁止したら良いのではないでしょうか？**

強硬策の実施にあたっては、特殊チームを編成してネット空間で転売されているUSJのチケットを常に監視しています。そして出品されているチケットを確認次第、無効化処理を徹底しています。実際に何千もの単位で大量のチケットを無効化しました。当然ですが、パークの現場では使えないことが判明した「転売者から購入してしまったゲスト」との修羅場もそれなりにありました。しかし、転売者から購入したゲストよりも、圧倒的大多数の普通のゲストを優先して守ることを我々は選択したのです。転売が確認されたチケットは現場でどれだけクレームになろうが使用をお断りすることで徹底していますし、今後も変更の予定はありません。

始めてまだわずか数ヶ月ですが、以前に比べて9割もの出品数を減らすことに成功しました。実はこれがマーケターの戦い方なのです。購入時の防御システム変更などのダフ屋とのイタチごっこではなく、我々が着眼したのは消費者需要そのものでした。**買う側の需要を激減させることで、転売屋のメリットを破壊した**のです。

「USJのチケットは転売サイトで高いお金を払って買っても使えないリスクが高い」という消費者認知が高まれば、買う人が恐ろしく減ってしまうのです。買う人が減れば、売る人も減るのは自明です。短期で大成果を上げたことで、多くの事業会社がUSJにそのノウハウを問い合わせに来られています。

そしてこの試みには更なるオマケがあります。ＵＳＪは「転売チケットは使えない」ことを公言している訳ですから、それとわかってチケットを転売しているダフ屋は、ただの紙切れと知って売っているのに等しく、**詐欺罪に問うことが可能**になります。「詐欺罪」での刑事告訴がなされれば警察も動かざるを得なくなります。ダフ屋行為から利益を得ているチケット転売サイトの運営者も、今後は明らかな刑事犯罪の共犯になるリスクを背負うことになります。

1企業としてできることには限りはありますが、ネットダフ屋を見て見ぬふりをせず、ＵＳＪに来場されるゲストの皆様との信頼関係を守るために今後も粘り強く戦っていく覚悟です。

(3) 商品の使用体験を制する

少々脱線してしまいました。本筋に戻りましょう。想像してみてください。あなたのブランドは努力の末に、消費者の頭の中に認知とブランド・エクイティーを埋め込むことに成功し、店頭においても配荷・山積・価格なども想定どおりに実現させることができました。ここまで想定どおり進んだならば、しばらくは想定どおりの売上がとれる可能性が高いです。しかし「自分のブランドが売れる仕組みを作れた！」とは残念ながらまだ言えません。このままでは中長期の成功はまだ担保できていません。この場合にまだ欠けているのが「商品の使用体験を制すること」です。

消費者の最初の購入を「トライアル（Trial）」と言います。消費者の頭の中を制して、店頭を制すれば、トライアルまでは取れる可能性は高いと言えるでしょう。しかしながら消費者の

2回目以降の購入がなくては中長期でブランドの売上を維持することは難しくなります。2回目以降の購入を「リピート（Repeat）」と言い、リピートする確率をリピート率と言ったり再購入率と言ったりします。このリピート率に最も大きな影響を与えるのが、購入して実際に使ってみた商品の使用体験なのです。また、リピートするとしても次にどのタイミングで再購入するのかというのも大事な点で、一定期間に何回買うのかという「購入頻度（Purchase Frequency）」は多ければ多いほど（購入間隔が短いほど）マーケターにはありがたいということになります。

実際に商品を使ったときに、期待通りなのか、期待以上なのか、期待を大きく下回るガッカリなのか？　リピートはその期待値とのギャップに大きく影響されます。購入に至るまでのマーケティング活動で、消費者は商品に対してある程度の前向きな期待を持っています。だからその商品を購入したのであって、実際の使用体験が期待に対して上回る方向に設定できていれば、リピート率も上回るのは自然なこと。また商品の使用体験は「口コミ」となってブランドへの評判を形成し、これは少なからず「トライアル」にも影響を与えます。マーケターは商品の使用体験を重視して、リピートや前向きな評判が広がるための仕掛けを事前に準備しなくてはいけません。

どんな仕掛けを準備するのか？　マーケターがやるべき王道は、商品やサービスのR＆D（研究開発）に対して、消費者が喜ぶものをあらかじめちゃんと作らせておくことです。研究室のこだわりではなくて、本当に消費者価値につながる（素人の消費者に違いがわかる）商品を実際に作っておくこと。当たり前ですがこれ以上の対策はありません。

もし残念な商品しか作れなかったらどうするか？

その時はブランド価値を向上させるために正しい行動を取ってください。消費者を大きく落胆させる商品ならば、ブランド価値を大きく毀損《きそん》するので世の中に出さない方がマシです。

ブランディングにおいて重視すべきは短期での売上ではありません。中長期でのブランド価値の向上です。そして消費者はアホではありません。絶対に騙《だま》せませんし、ごまかせません。お金を払った後のネガティブな記憶を甘く見てはいけません。

もし微妙なラインだったらどうするか？「ブランド価値を毀損はしないだろうけど、だからと言ってブランド価値を創りもしないだろうなー」という微妙なラインだったらどうするのか？出さないことを何とか許されるビジネス状況であれば、やはり出さないことを強くオススメします。

なぜなら皆のエネルギーを使う割には結局のところは解決策にならないからです。ブランド価値を向上させる自信の無いものに費やされる社内の経営資源が、非常にもったいないと私は考えているからです。

むしろそういう状況に追い込まれている時点で、マーケターとしてはかなりまずい状況にあります。私としては「そうならないように社内に睨《にら》みを利かせておくべきでしたね」としか言いようがないのです。それでもどうしても発売しなくてはいけない事情であれば、その時はその冴《さ》えない商品なりに最も消費者価値に繋がる点を見つけ出して、それを訴求することで少しでもブランド価値を向上するように努めることです。

「うちはしょうもない製品しかない」という言葉は、マーケターは決して口にしてはいけません。なぜなら消費者視点で優れた商品やサービスをちゃんと作らせることが、マーケティングの重大な使命の1つだからです。

まるで治水工事のように

今までの話を組み立ててマーケティングの大きな仕組みを明確にしておきたいと思います。消費者が購入を決定していく際の主なビジネス・ドライバーの流れを順番に並べてみます。

Awareness（%）	認知率
Distribution（%）	店頭での配荷率
Display（%）	店頭での山積率
Trial（%）	購入率
Repeat（%）	再購入率
Pricing	平均価格
Purchase Frequency	購入頻度

これらのビジネス・ドライバーに数値を当てはめることで、ブランドの売上を計算することができます。いきなり計算とか言われてドン引きしないでください。小学生でもわかる四則演算だけ使い、ここでは話を簡単にするためにざっくりと解説します。

まず、市場に存在する消費者の人数に、認知率、配荷率、購入率を掛け合わせると、何個売れるのか計算することができます。

「売上個数」＝「消費者の数」×「認知率」×「配荷率」×「購入率」
（1人が1個だけ買う場合。複数購入の場合は平均購入個数を掛け合わせる）

次に、それに平均客単価を掛ければ売上金額になります（ここでは割愛しますが、更にリピート率や購入頻度を使って一定期間内の売上金額を計算することもできます）。

「売上金額」＝「売上個数」×「平均価格」＝
「消費者の数」×「認知率」×「配荷率」×「購入率」×「平均価格」

マーケターは目指している売上個数や売上金額を達成するために、このようなモデルを用います。逆に上手《うま》く行くためには「認知率は何％いかなくてはいけないか？」とか「購入率をあとどれだけ上げなくてはいけないか？」などと思案しています。目的から逆算して、成功するための必要条件を理解しようとするのです。

具体例で示しましょう。ＵＳＪであるブランドのイベントを企画したときです。そのブランドは全国に活発なファンが５００万人いることが調査でわかっていました。また、認知形成に使えるマーケティング予算から想定すると、認知率は50％はいけるであろうと考えていました。次に配荷率ですが、日本全国におけるＵＳＪの配荷率（買おうと思えば買いにいける割合）はさまざまな見方があり得ます。関西に1拠点しかないＵＳＪでのイベントですので、交通費や宿泊費など大きな費用がかからなくても来場できる範囲と考えて関西人口の比率（つまり20％）を配荷率としました。やってみるまではっきりわからなかったのは購入率です。大型テーマパークでやるそのようなイベントは初めてのことでしたので、自社にも競合にも参考になるデータはありませんでした。その時、私はコストを回収するのに必要な購入率は最低でも６％、もし10％までいければ大成功というように、数値を当てはめて検証していました。

このようなシミュレーションで成功のための必要条件が明確になれば、その後やるべきことも明確になります。この場合は、実際にファンの間での認知率50％を達成するプランを作ることと、認知した人の10％が購入したくなるような魅力のあるイベント内容を製作すること、そしてその魅力的な内容を認知プランの中心に据えて訴求していくことです。そして、実際には10％以上の購入率を達成する大成功をおさめることができました。

ちなみにこの計算式は、テーマパークに限らず、多くの業種に置き換えて適用できます。皆さんの関係しているビジネスでもシミュレーションしてみて、どこがポイントかを確認することをオススメします。

消費者が「認知」してから「購入」し、更に「再購入」に達していく、購入に至る流れのこ

購入決定のビジネスドライバー

Awareness（%）	認知率
Distribution（%）	店頭での配荷率
Display（%）	店頭での山積率
Trial（%）	購入率
Repeat（%）	再購入率
Pricing	平均価格
Purchase Frequency	購入頻度

例：某イベントの来場者

Market Size		全国のファン数500万人
Awareness（%）	×	認知率50%（=250万人）
Distribution（%）	×	関西20%（=50万人）
Trial（%）	×	購入率（最低6%、できれば10%以上）
	=	**購入人数（最低3万人、できれば5万人）**

（これに平均客単価を掛ければ売上金額となる）

とを「パーチェス・フロー（Purchase Flow）」と言います。売れる必然を作るのが仕事であるマーケターは、このパーチェス・フローをよく理解して、各ビジネス・ドライバーをどういじればもっと違う結果が出せるかを思案せねばなりません。

先の某イベントのケースにおいては、5万人の集客を達成したいのであれば、購入率を10％まで持っていく必要があると判断しました。もし購入率がその半分である5％しか行かなかったときは、そのままでは達成したい数の半分の2万5000人しか来ないことになってしまいます。

これを5万人にするためには、認知率を倍の100％に持っていくか、購入率を5％から10％以上に上げるか、あるいは両方を数割ずつ上げるか、どれかをやらねば達成できないのです。関西の人口は変えられないので配荷率は変えられません。

しかしこのケースにおいて、もっと多くのファンにリーチして認知を50％よりも劇的に上げることは、TVCMなどの予算を考えると現実的ではありませんでした。つまり、**コントロールできる最も重要なビジネス・ドライバーが購入率であることは事前にわかっていた**のです。集中投資すべきポイントが事前にわかっていれば、良い結果に辿《たど》りつく確率はグンと高くなります。

パーチェス・フローを用いたこの場合のように、事前のシミュレーションによる検証は、ビジネス結果のボトル・ネックを発見し、どこを広げれば成果が跳ねる確率が高いのか、集中すべき着眼点を教えてくれるのです。

私は、パーチェス・フローに照らしてマーケターの仕事を考えたときに、**まるで流れの悪い川の治水工事をやるように感じる**ことがしばしばあります。一番上流にある「市場の大きさ」という湖に100%溜《た》まっている水を、川を使って一番下流の「売上」という企業の池へと、できるだけ多く流していくゲームなのです。その間にある川には「認知率」や「配荷率」や「購入率」などの川幅が狭まる場所がいくつもあるのですが、そのいくつかが不必要に狭いせいで水が流れる量が少なく限定されてしまっているのです。

どこの川幅が問題なのかを明確に洞察して、適切な治水工事を行い、不必要に狭い川幅をどんどん広げていく。そうやってたくさんの水が流れる仕組みを作っていく。それが売れる必然を作るマーケターの仕事だと私は考えています。

第3章のまとめ

マーケティングの本質とは何か？

---

1. マーケティングができる人のことをマーケターという。

2. マーケティングは「売れるようにする＝売れる仕組みを作る」こと。

3. 顧客が法人（会社）の場合は「B to Bマーケティング」、顧客が個人（消費者）の場合は「B to Cマーケティング」と呼ぶ。

4. 「売れる仕組み」は消費者とブランドの接点をコントロールして作る。主なものは「消費者の頭の中を制する」、「店頭を制する」、「商品の使用体験を制する」の3つ。

5. 消費者の頭の中を制するには、自ブランドの「認知率」を高め、選ばれる必然になるような「ブランド・エクイティー」を意図的に構築する（＝ブランディング）。

6. 店頭を制するためには、消費者が自ブランドを購入する可能性を最大化させるように「配荷率」、「山積率」、「価格」などの展開に注意しなくてはいけない。

7. 商品の使用体験を制するには、消費者価値を上げる商品開発をマーケティングがリードしなくてはいけない。

8. マーケターは「パーチェス・フロー」を使って目的達成への必要条件を導き出し、まるで流れの悪い川の治水工事をするように流れを塞《せ》き止めているビジネス・ドライバーを改善して広げていく。

第4章

「戦略」を学ぼう

この章ではマーケティングを理解するためにどうしても必要な「戦略」について学びます。**「戦略とは何か」そして「戦略的に考えるとはどういうことか」**という2点について明確にしていきます。むずかしい言葉で戦略を解説した本は多くありますが、それは本書の目指すところではありません。本書は私の娘にも理解してもらうつもりで、できるだけ平易な表現で戦略の最も大事な部分に焦点を当てていこうと思います。

「マーケターになるために最も大切なスキルは何ですか？」と聞かれれば、私は脊髄《せきずい》反射で「戦略的思考能力を身につけること」と答えます。戦略的に考えることができなければ、次章で紹介するマーケティングの考え方「マーケティング・フレームワーク」を使いこなすことができません。**戦略的に頭を使うことに慣れていくことは、マーケターになるための第一歩**なのです。

たとえマーケターを目指さなくても、戦略的思考を身につけると素晴らしく良いことが起こります。あらゆる仕事にそのメリットは当てはまります。**戦略的思考を身につけておくと、あなたのキャリアは大きく好転していく**でしょう。

戦略的思考によって2つの大きな変化が起こります。

1つ目の変化は、**仕事の成果が抜群に上がる**ことです。戦略性を身につけることで、大事なことのためにより集中して取り組めるようになります。「選ぶ」ということを覚えるので時間の使い方が成果に直結するようになっていきます。

2つ目は**説得力が激増する**ことです。戦略性を身につけることで、他の人に対して「なるほ

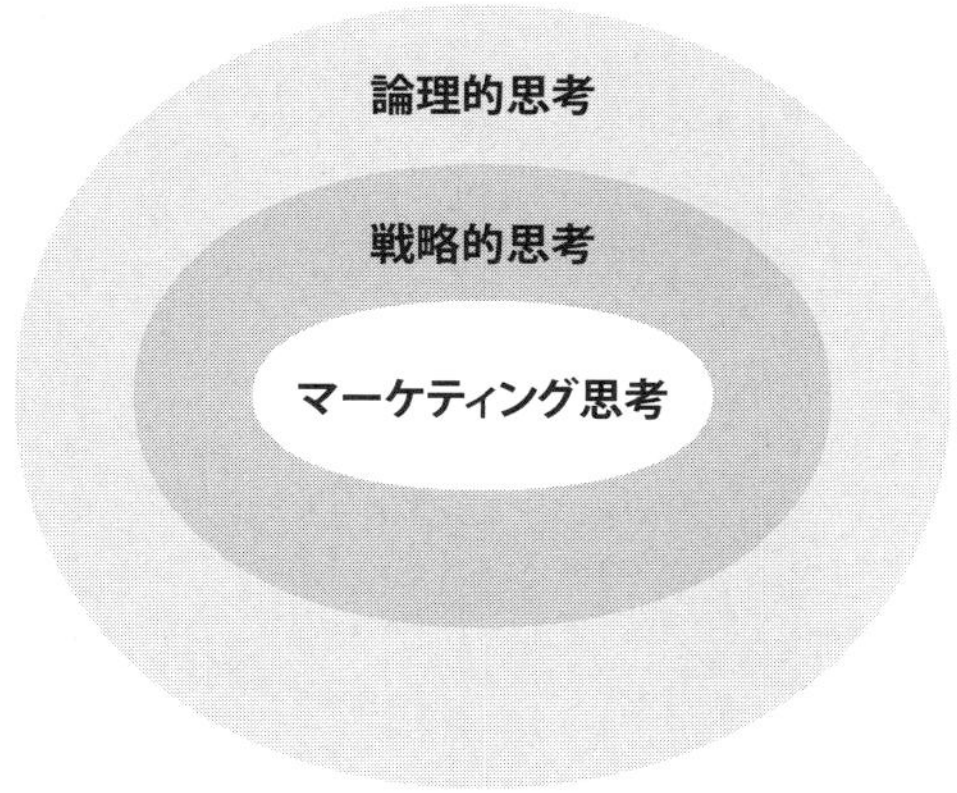

ど！」という納得感をもたせる話し方ができるようになります。上司や部下や同僚に対して、あなたの意見がより伝わりやすくなり、あなたのやりたいことが世の中に出せる確率がグンと上がるのです。会社という組織においては、1人だけで達成できることなんてほとんどありません。しかし**「進むべき正しい方向を見定めること」と「人を動かす」ということは、1人でもできます。**戦略的思考を身につけることで、あなたが起点になって周囲を勝利へ向かって動かすことができるようになるのです。

戦略的思考に似た言葉で、論理的思考という言葉もよく耳にするかと思います。この2つの違いを簡単に説明しておきましょう。

論理的思考↓戦略的思考↓マーケティング思考、この3つの関係性は、たとえて言うならば、日本国↓東京都↓渋谷《しぶや》区のようなものです。

渋谷区は東京都であり日本国であるように、マーケティング思考は戦略的思考に属し、その戦略的思考は論理的思考に属しています。つまりマーケティングを考えているときには、必ず戦略的に考えているのであって、当然それは論理的に考えていることになります。

戦略って何？

戦略とはもともと戦争から生まれてきた考え方です。戦略の「戦」は戦うこと、「略」は謀り考えること。つまり「戦争に勝つためにあれこれ考えること」が始まりです。戦略の定義に関しては、多くの戦略家や研究者が長い歴史の中で様々な言葉で表現してきました。たとえばクラウゼヴィッツの名著『戦争論』には戦略を理解するための人類の英知が詰まっています。しかし『戦争論』の文章はガチガチの鋼鉄のように硬いので、これを噛《か》み砕いて読破するのには独特のエネルギーが必要になります（興味のある人はトライしてください。私が一番学んだ戦略の教科書です）。本書では、できるだけわかりやすくビジネスの文脈で定義します。

戦略の定義：戦略とは、目的を達成するために資源（リソース）を配分する「選択」のこと。
(A set of choices to define how to allocate resources in order to achieve an objective.)

「うん？」という反応をされた読者の皆さんも大丈夫です。まずは、言葉の意味を確認していきましょう。

「目的（Objective）」とは達成したいことです。「資源（Resources）」とは自分達が使えるお金や人員などをイメージしてください。「配分する（Allocate）」とは文字通り分けること。「選択（Choices）」も文字通り選ぶことです。

もうちょっとぶっちゃけた文章で同じことを書いてみましょう。

「戦略とは、何か達成したい目的を叶《かな》えるために、自分の持っている様々な資源を、何に集中するのかを選ぶこと」

どうでしょう？　私の子供達にはこっちの方がウケは良かったです。戦略とは、もっと短く言うと「資源配分の選択」なのです。

なぜ戦略が必要なのか？

戦略の意味を理解していくためには、戦略がなぜ必要かを理解することが近道です。そもそも戦略がないと何が不都合なのでしょうか？　戦略が必要な理由は２つあるのです。

1. 達成すべき目的があるから。
2. 資源は常に不足しているから。

裏返すとこういうことです。目的がないなら戦略は必要ないですし、資源が無限にあるのであれば戦略は必要ないのです。しかし現実は、達成したい目的に対して資源は常に足りないのです。どんな大会社でも資源は常に不足しています。大きな会社は、達成すべき目的がより高いところに設定される上に、守るべきビジネスの範囲も広い。図体《ずうたい》の大きさに比例して資源を使う量も大きくなるので、経営資源は常に足りなくなるのです。

とある米国の大実業家の言葉を紹介します。「およそ経営資源は達成したい目的に対し、常に圧倒的に足りないのであって、それは創業時代も今も変わらないチャレンジである」。

ある歴史的名将もこのような言葉を残しています。「私の人生は、あと少しの騎兵、あとほんの少しの歩兵さえあればと願い絶望する苦悶《くもん》の日々の積み重ねそのものである」。

そして、とあるマーケターの言葉（笑）。「私の人生は、あと少しの広告宣伝費、あとほんの少しの設備投資費さえあればと願い絶望する苦悶の日々の積み重ねそのものである」。

私が着任した5年半前のＵＳＪで使えたお金の少なさも、ある意味で究極でした。巨額な費用がかかるハリー・ポッターに資金を集中するために、それ以外ではほとんどお金を使わずに大きな集客増を何年も繰り返すことが求められたのです。

経営資源は常に足りないのです。私がＵＳＪに入ったときも足りなかったですが、Ｖ字回復した今も足りません。もちろん使える絶対額は大きくなっていますが、図体が大きくなってくると必要な出費もどんどんかさんでくるわけです。

経営資源が足りない中で目的を達成するためには、限られた貴重な経営資源をどれだけ無駄なく有効に使うのか、考えて考え抜くことが必要になります。考え抜いて選ぶのです。**選ぶことで足りるようにする**のです。その選択こそが戦略です。

経営資源（リソース）とは？

「経営資源」とは具体的に何なのか理解してみましょう。経営資源には主に6つのものがあります。「カネ、ヒト、モノ、情報、時間、知的財産」を6大経営資源と呼びます。

「カネ」はわかりやすい、お金です。「ヒト」は人間の質と量、人的資源のこと。「モノ」は機械や設備などの物理的資源のこと。「情報」は文字通りですが、マーケティングにとっては市場や消費者の理解に関わる情報資源がとりわけ重要になります。「時間」もある程度かけないと実現できないことばかりなので、重要な経営資源です。最後の「知的財産」は略して知財と呼ぶことが多いですが、代表的な知財は「ブランド」です。ブランドが経営資源として使えるを使えないということが大事なんですね。

例えば、USJは多くのブランドをパークで使用していますが、その多くは社外から権利を買っています。映画の「ハリー・ポッター」というブランドにはワーナー・ブラザースというオーナーが存在し、USJはライセンス契約を結び対価を払うことによって、ハリー・ポッターエリアを営業できています。

この場合、ワーナー・ブラザースという会社から見ると、ハリー・ポッターは売上を生み出す重要な経営資源です。USJから見ても、ライセンス契約で手に入れた「ハリー・ポッター」という知財は、収益を生み出す重要な経営資源です。近年、知的財産はその会社の持つ重要な経営資源としてますます重要度を増しています。

経営資源はあなた次第で増えたり減ったりする

ここで大切なことをお伝えします。経営資源とは、使う人が認識できていないと使えないのです。社内のどこかに使えるお金があったとしても、それを使う意思決定者が認識していなければ無いに等しいのです。もっとわかりやすくいえば、あなたの部下がユニークな長所を持っていたとしても、あなたがそれを知っていなければ活用して成果を出すことはできないのです。

逆に言えば、**経営資源は認識することによって増やすこともできる**のです。人によって使える経営資源は大きく差が生まれます。人によって経営資源を認識できる知力が異なるからです。かつて軍事的天才といわれた名将たちは、とにかく使える資源を増やすことが上手でした。天候気候や地理条件を有利に活用することはもちろん、情報収集に徹底的に投資して敵の事情を逆手にとったり、自軍に有利になるように資源（この場合は戦力）を増やすことをひたすら考えていた人たちです。

武田《たけだ》信玄《しんげん》にまつわるこんな逸話があります。勇者が尊重される戦国時代にもっとも軽蔑《けいべつ》されていたのは「臆病者《おくびょうもの》」です。臆病者は使いようがない人間の代名詞でしたが、武田信玄は「使えない人間などいない。臆病者は偵察部隊に使うと良い。勇者を偵察に向かわせると敵を過小評価ばかりする。偵察には臆病者の方が優れている」と言ったと伝わります。

その人の特徴が強みになる文脈で貴重な人的資源を使い切るという考え方は、現代のマネジメント技術にも通じるものがあります。

選択と集中

100人の軍隊と80人の軍隊が戦ったとします。1人1人の戦闘技能は全く同じだとしたら、どちらの軍隊が勝つと思いますか？　普通は100人の軍隊が勝つだろうと思いますね？　し

資源（リソース）の選択と集中

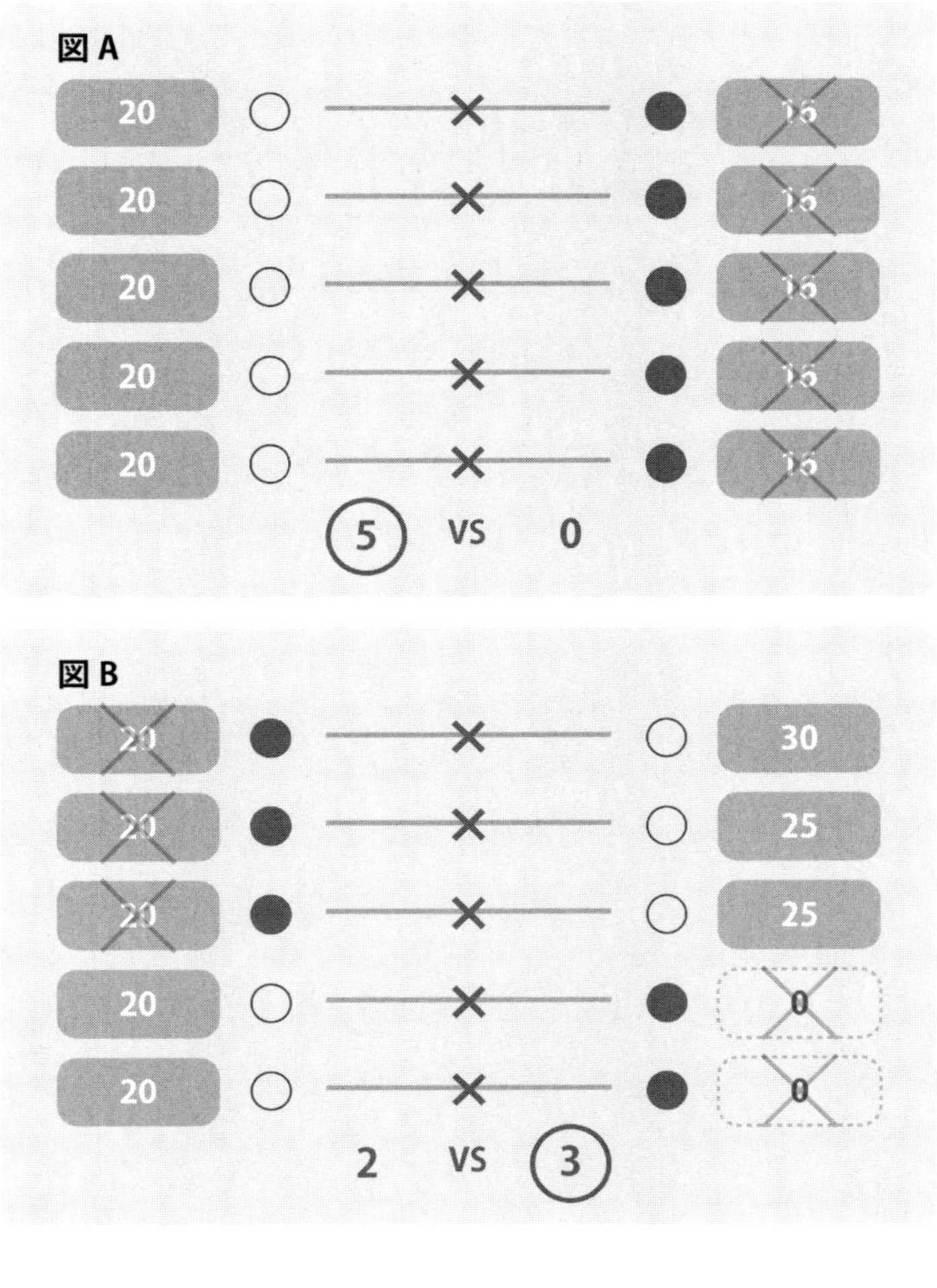

かし実際はそうとも限らないのです。

図Aのように、100人の軍隊が20人ずつ部隊を5つに割って攻めてきたとします。それに呼応して80人の軍隊も部隊を5つに分けて16人ずつで応戦したらどうなるでしょうか？　5つの全ての戦局で数的劣勢が免れません。1人当たりの戦闘力が同じと仮定すると、20人対16人の殺し合いを、5つの戦局で行った結果は「5対0」となり、100人の軍隊が高確率で一方的な勝利をおさめることになります。

しかし80人の軍隊に優秀な軍師がついて、5隊に分かれた100人の軍隊に対して図Bのように戦ったらどうなるでしょうか？　80人の軍隊は、隊を5つではなく3つに分けます。そして4番と5番の戦局を完全に放棄して、1〜3番の戦局にのみ「30人、25人、25人」の3部隊を展開するのです。すると4〜5番は負けるとしても、1〜3番では勝利できます。大局としては「2対3」で80人の軍隊が勝つことができます。

数的有利は必ずしも大局での勝利を保証するものではないのです。大切なことは、大局で勝つために大事な1戦闘当たりの数的優位をどうやって作り出すか、そのために何を捨ててどこに集中するのかを選択することです。

これは仮想の戦争の話だけではないんですね。100人の軍隊を5つに割ってしまうケースは、現実のビジネスではよくあるパターンなのです。

図Cを見て下さい。100という経営資源を、5つのマーケティング活動の全てに割り振ってしまったがゆえに、どの戦局においても資源が足りず、「勝てるライン」に届かないで負けてしまうパターンです。これは予算の分配と見てもかまいませんし、部員の人員配置と見ても

資源（リソース）の選択と集中

図 C

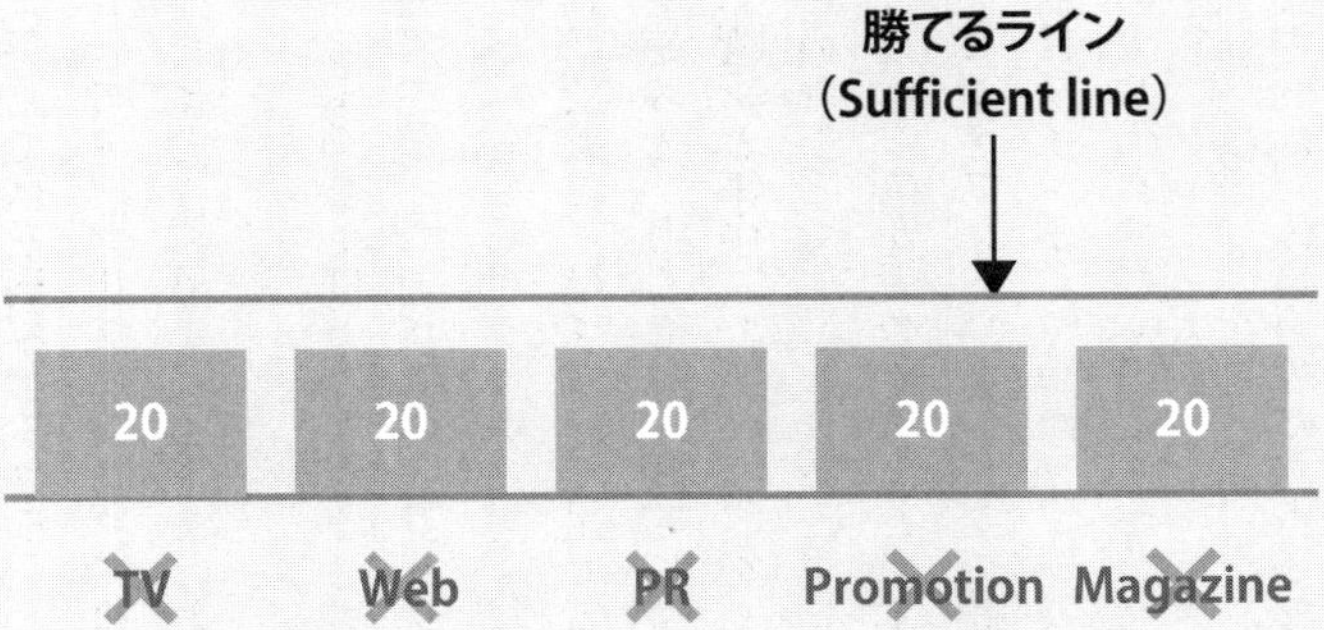

図 D

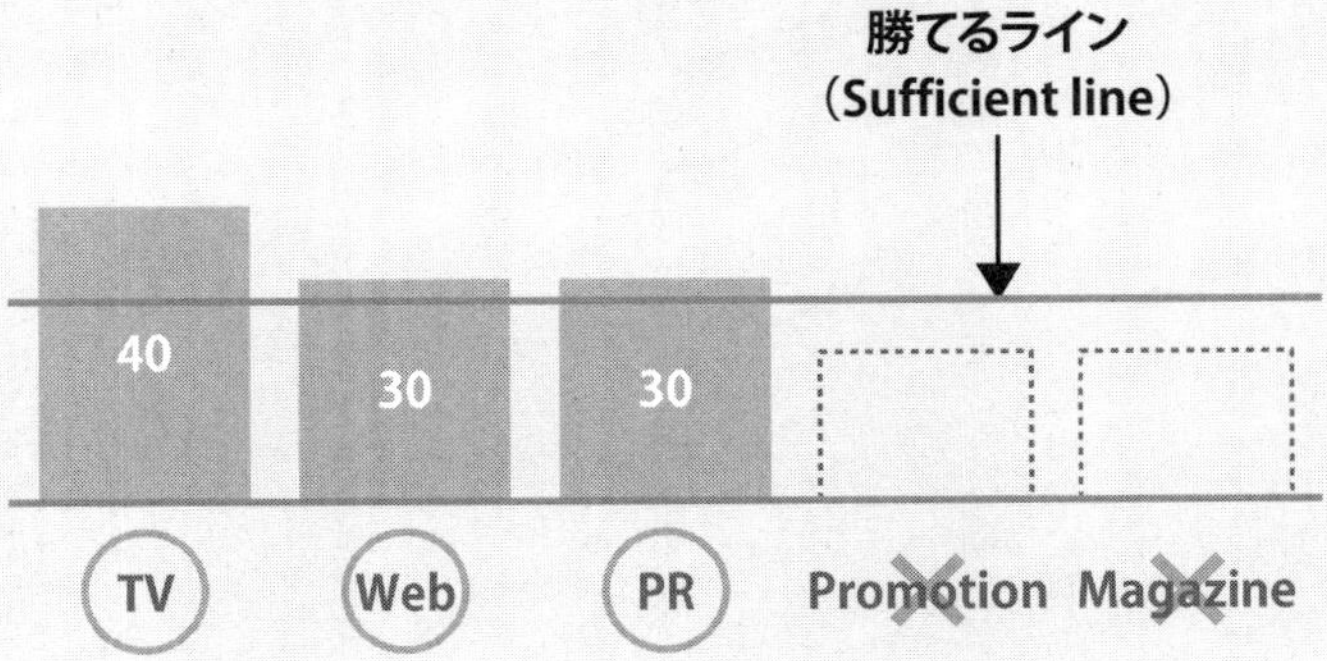

かまいません。
勝てるライン（英語ではSufficient line）とは、そこまではやらないと意味のある効果が見込めない一線のことです。マーケティングでは、担当者はあれもこれもやらないと不安になるので、あれこれ手を出して限りある資源をどれも中途半端に消費してしまうことが珍しくはありません。

選ぶことで勝利の確率を上げることができます。図Dを見て下さい。ＴＶとＷｅｂとＰＲに集中することを選ぶこと、つまり雑誌広告とサンプリングをやらないことを選ぶことで、ＴＶとＷｅｂとＰＲだけは勝ち負けラインに届く経営資源を集めることができました。

常に足りない経営資源を、選ぶことで足りるようにするのです。何に集中するのかを選ぶのです。**やることを選ぶということは、同時にやらないことを選ぶということ。これが戦略の核となる考え方の「選択と集中」**です。全てをやろうとすることは、つまり選ばないということは、戦略がないということです。とりあえず全てをやろうとすることは、意味なく経営資源を分散させてしまうだけ。愚か者のすることです。

ちなみに実際のビジネスにおいては、この勝ち負けラインが明確にわかっていない場合が多いのです。勝ち負けラインがよくわかっていないならば、なおさら絶対に負けられない戦局には経営資源を集めておくべきです。よくわからないなら、より一層の明確な選択と集中が求められるということです。

この「選択と集中」は、仕事全般にも当てはまります。皆さんは、上司から振られてくる仕事をとりあえず全部やろうとしていませんか？　私は上司から10球飛んできたら、最も重要な

3球ほどを注意深く選んで、それ以外は打たないようにしてきました。振られた10個の仕事が会社に与えるインパクトはそれぞれ異なるはずです。10球全てでぎりぎり合格の60点を取っても大して評価はされません。先ほどの１００人の軍隊のような「資源の分散」という失敗をしているだけです。

ここで重要になるのは野球なら選球眼、仕事ならば戦略眼です。会社に対して最も重要なインパクトを与える球と、その次に重要な球２つ、計３球程度をよく選んでください。この３球に集中することで、最も大切な球は１００点を、次点の２球はそれぞれ80点を狙いにいくのです。

その他の7球は、黙ったまま放置していると上司との人間関係に禍根を残すので、できるだけ早めに打たないことを明るく宣言します（笑）。やらないことを合意する、納期を遅らせることを合意する、あるいはやったフリをする（笑）、だいたいこの３通りの処理をしておけば大丈夫です！　重要でない7つをやる時間と労力を、重要な３つに集中してより高い成果を出せば、全部やらないことは命取りにはなりません。むしろ最も重要な仕事で突出した成果を生み出せば、あなたは出世するでしょう。

私は社会人デビューしてから一貫して、そうやって社内での出世を加速させてきました。幼少期から勤勉であることを要求される日本人は、学校の宿題や提出物などを「全部やる」ことを習慣付けられてきました。しかしそれは戦略的であることとは真逆の教育です。ちなみに私はかったるい宿題なんて全くやらない子供でした（ここは自分の子供達に読ませたくはないですが！）。

もう一度言います。とりあえず全部やろうとすることは、無意味に資源を分散させているだけの「戦略なき愚か者」のすることです。そこに戦略がなければ突出した成果などは望めないのです。

最も重要な経営資源はどれ？

ここで1つクイズをやってみましょう。「カネ、ヒト、モノ、情報、時間、知的財産」。これら6つの経営資源の中で、企業経営にとって最も大切なものはどれだと思いますか？　答えは次のページで論じますが、その前にちょっと考えてみて下さい。

答え：最も大切な経営資源は「ヒト」です。

なぜだかわかりますか？　**ヒトだけがこの6つの経営資源の全てを増減させたり使いこなしたりすることができる**からです。金がないと人も雇えないのではないか？　と思った人もいるかもしれません。しかし雇う人が優秀であれば、金がないなりに良い人を雇うことは可能です。逆のケース、金はたくさんあるけど雇う側の人間がボンクラのケースよりも良い結果をもたらすと私は確信しています。

カネもモノも時間も情報も知的財産も、それらを使いこなすのは「ヒト」しかいないという現実の前には無力なのです。かつて世界恐慌の際に経営危機を迎えたP＆Gのリーダーはこのような言葉を残しています。「たとえビルや工場や資金の全てを失っても、この素晴らしい社員たちさえ健在ならば、10年もあれば全てもとどおりにできるのです」。経営資源の要《かなめ》が何であるかよく洞察した言葉だと思います。

人がたった1人代わっただけで、その企業に大きな変化をもたらすことがあります。他に何も変わっていないのに、その1人が加わっただけでアウトプットが激変することがあります。それはヒトの持つ知力や行動力こそが最強の経営資源（リソース）だからです。逆に**「ヒト」こそが多くの企業において最も不足しているリソース**でもあります。

人数が足りないことはもちろんですが、人数は多くいるけど必要なクオリティー（質）が足りていない場合もよくあります。ヒトは最強のリソースだからこそ、企業の成長を止めてしまう最大のリスクをはらんでいるとも言えます。「万卒は得やすく、一将は得がたし」とはよく言えています。

その意味で、会社の中で最も重要な部署はどこか？　**最重要なのは間違いなく人事部**だと思います。CEOが最初に雇うべき最も大切な人は、マーケティングでもファイナンスでもない。最初に雇うべき最重要人物は「人事のリーダー」です。人事のリーダーさえ優秀であれば、マーケティングでもファイナンスでも優秀な人間を雇うことができます。採用活動だけでなく、社内の人的資源を有効活用するための組織構造、評価制度や報酬制度などの人事システム、更には組織風土も整備していくでしょうし、社内の人的資源を増やすための有効な社内トレーニングなども開発することでしょう。

それが適切にできない会社は、人的資源の不足によって成長が止まるのです。つまるところ、**成長する会社とは、人的資源を成長させ続けることができる会社**のことです。人事部の果たすべき責任は最重要なのです。

戦略的に考えるってどういうこと？

戦略のトレーニングをしていると、たくさんの質問をもらいます。その中でも多い質問が、目的と目標の違いは何なのか？　戦略と戦術の違いは何なのか？　という重要な戦略用語の意味に関する2つです。

「目的」と「目標」の違い

戦略用語として両方とも非常に重要ですが、日本語ではしばし混同して使われます。戦略用語としては全く異なる意味ですので、ここで明確に理解してください。**目的（Objective）とは達成すべき使命のことであり、戦略思考の中では最上位の概念です。目標（Target）とは、その目的を達成するために経営資源を投入する具体的な的《まと》のこと**です。これをわかりやすく言い表した例があります。

「目的はパリ占領、目標はフランス軍」

フランス人の方は気を悪くしないで下さい。「目的は東京占領、目標は日本軍」でも構わないのですが、歴史に残っている言葉を使わせていただきました。

その作戦の最上位概念、「目的」はパリを占領すること。そのために自軍の資源（戦力）を集中投下すべき「目標」がフランス軍。つまり自戦力をぶつけてフランス軍を撃破すればパリは占領できると言っています。このように、目標とは経営資源を集中して投下していくターゲット（的）のことを意味します。

日本では目標という言葉を、目的に近い意味で使っている場合も少なくないのです。日本語では目標にもう1つ意味があるからです。目標を「到達目標」のように英語で言うところのGoal（ゴール）の意味で使う場合です。英語ではそれぞれTarget（ターゲット）とGoal（ゴール）という別の単語を使います。

ちなみにGoalも戦略用語では、目的を数値に置き換えた達成指標としてよく使われます。「目的はアジアNo.1のエンターテイメントカンパニーになること、ゴールは売上4000億円」のように使われます。日本語ではターゲットとゴールという2つの意味を、「目標」という1語で表すので少々混同してしまいます。本書では**「目標」は資源集中投下の的であるターゲットを意味する**ことで統一します。

「戦略」と「戦術」の違い

「戦略（Strategy）」は目的を達成するための資源配分の選択でした。**「戦術（Tactic あるいは Execution）」は戦略を実行するためのより具体的なプランのこと**を指します。戦術は常に戦略の下位概念です。戦略的思考は必ず、「目的➡戦略➡戦術」と下方展開していきます。目的に直結している上位概念である戦略は、実際には消費者からは見えにくいものなのです。

ビジネスでも戦争でも、実際のドンパチは、この「戦術」の段階です。言い換えれば、消費者が目にするものはほとんど戦術なのです。マーケティングにおいては、消費の最前線で勝つことが「戦術」の使命であり、これが弱いとどんな優れた戦略でも実現せず、絵に描いた餅《もち》で終わります。目的が達成されることもありません。勝つために戦術は非常に重要です。

ここで「目的➡戦略➡戦術」の違いに慣れるために、クイズを3つほどやってみましょう。次の例文の下線部のどこが、目的、戦略、戦術に該当するか考えてみて下さい。どれも妙にリアルな語感があるのは気にしないでください。

クイズ 1

「よし頑張って**痩せよう（A）**！　自分は運動する時間がなかなか取れないから、**食事制限でカロリーをコントロール（B）**しよう。**毎晩の夕食を全て野菜ジュースに変える（C）**ぞ！」

クイズ 2

「ちょっと**豪華なロールケーキを買って帰った（A）**。**嫁さんと仲直りしたい（B）**が、謝るのは癪なので**彼女の好きな甘いものから攻める（C）**ことにしたのです」

クイズ 3

「部下達がもっと生き生きと働くため（A）に必要なことは何かを考えた。**うちの会社はあまりにも多くのプロジェクトが平行して走る（B）**から、**1つ1つの区切りがどうしてもつけにくくて疲労がたまる（C）**傾向がある。原則として**本部全員に2週間の連続した有給休暇を毎年とらせる（D）**ことにしよう。そうすれば、**1年に一回は地球の裏側まででも行ける（E）**し、**仕事の疲れを癒してリフレッシュする（F）**ことができるだろう。」

それぞれの正解は次のようになります。確認したいのは、それぞれの文脈において最上位概念が全て「目的」となっていることです。その目的に直結しているのが戦略。その戦略をより具体的に実行する施策が戦術となります。

（1の答え　目的：A　戦略：B　戦術：C）
（2の答え　目的：B　戦略：C　戦術：A）
（3の答え　目的：A　戦略：F　戦術：D）

重要なことは、**「目的➡戦略➡戦術」の順番で考える**ことです。そのほうが効率が良いからです。**最初に目的を明確にすることが何よりも重要**。戦略は目的達成のために存在するので、目的が変われば全ての戦略は（戦術も当然）やりなおしになります。

そして**戦術よりも先に戦略を明確にする**ことです。戦略は資源集中の大方針を決定します。該当する戦略の範囲外にある無数の戦術オプションを、全て考えなくて良い領域にしてくれるのです。たとえば、嫁さんと仲直りするためには、甘いものから攻める以外にも、他の戦略はあり得たのです。戦略が「情に訴える」であれば、戦術は「謝る」とか「手紙を書く」など。戦略が「第三者に道理を説いてもらう」であれば、戦術は「嫁さんの友人に相談する」とか「実家にチクる」とか。先に「甘いもので攻める」という戦略を明確にすることで、私は甘いものだけを考えればよくなった（甘いもの以外の全てを考えなくてよくなった）のです。ロールケーキという戦術にたどり着くのは早くなります。

戦略と戦術は明確に違います。戦略レベルの話と戦術レベルの話は明確に区別しなければなりません。戦略によっては、その戦術は一切不要になってしまうからです。先に戦略を決める、戦術はその後です。

戦略用語の基礎知識

目的：命題、最上位概念
目標：資源集中投下の具体的な的
戦略：資源配分の選択
戦術：実現するための具体的なプラン

ロールケーキの話は……

目的：嫁さんと仲直り
目標：嫁さん
戦略：弱点の甘いものから攻める
戦術：土産に豪華なロールケーキを買う

2週間の有給を取らせる話は……

目的：部下達が生き生きと働くこと
目標：本部の全員

戦略：仕事の疲れを癒してリフレッシュさせる
戦術：全員に1年に1度、2週間の連続休暇をとらせる

マーケティングでは戦略的思考がこのように当てはまります。

目的：OBJECTIVE
目標：WHO（ターゲットは誰か？）
戦略：WHAT（何を売るのか？）
戦術：HOW（どうやって売るのか？）

「目的と目標」「戦略と戦術」の違いはクリアになりましたか？ **戦略的に考えられるということは、「目的➡戦略➡戦術」の順番で、大きいところから考えられるようになるということです。** 決して具体的で発想しやすい戦術から考えないということです。目的と戦略が定まらない限り、戦術に費やす時間は無駄になる可能性をはらんでいるのです。

戦略のカスケード・ダウン

こんなことを上司に言われたことはありませんか？ 「今、そんなエクセキューションの話をするな」とか、「枝葉末節の前に大きなところから決めよう」とか、「HOWの前にWHATを考えろ」とか。これらは全て同じことを言っています。全て「戦術の前に戦略を考えろ」と言っているのです。

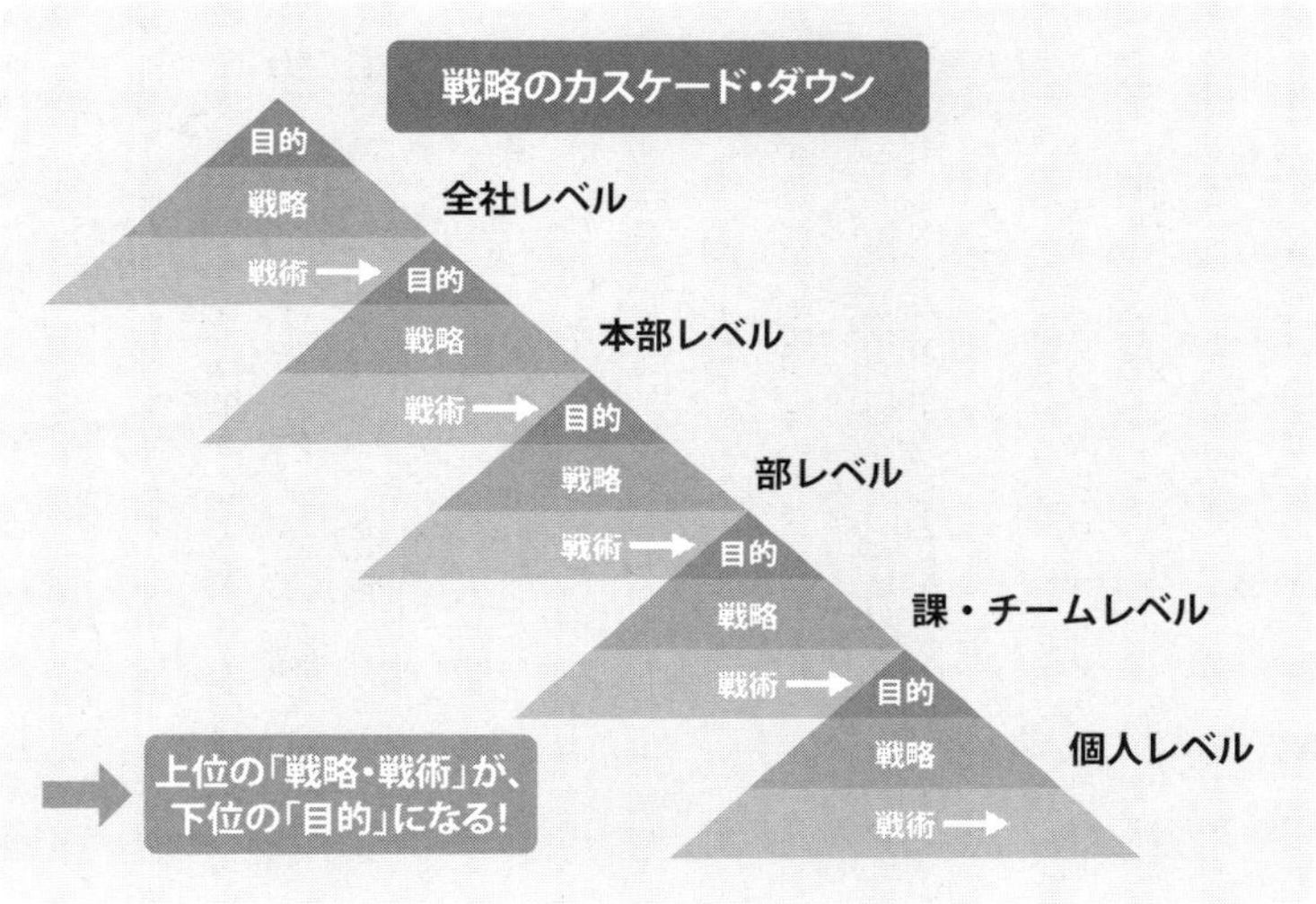

しかし、これを言われた人は、「一体、何が戦略で戦術なのか、今のどのレベルの話をしているのか、どうやって確認すればよいのだろう?」と悩むことがあります。その悩みをクリアにするには、「戦略のカスケード・ダウン」を理解しましょう。

戦略が組織上層から末端まで下方展開されていくこと、これを「戦略のカスケード・ダウン」と言います。全社レベルの「目的⬇戦略⬇戦術」が下位組織である「本部」へと展開されるとき、全社レベルの戦略や戦術を各本部では目的や戦略として設定します。それを更にその下位組織である「部」へ、そして部の下の「課・チーム」へ、さらにその下の「個人」へ下方展開されていきます。全ての個人の業績目標を足し合わせると、会社の「目的⬇戦略⬇戦術」に繋《つな》がっていくように統制していくのです。こうやって大きな組織は多くの個人をまとめて1つの戦略に基づいた活動をすることができるのです。

注意したいのは、**当事者の視点のレベルによって、同じことが戦略になったり戦術になったりする**ということです。ある人にとっての戦略は、別の人にとっては戦術になりえるということです。上司と話が噛み合わないのもそのせいです。そういう場合の**解決策は、共通の目的を確認することです。目的からの距離によって、近ければ戦略レベルの話、遠ければ戦術レベルの話であることがお互いに確認できる**ようになります。

上司は自分よりも上位の戦略にいることが多いので、自分にとっての戦略が上司にとっては戦術である場合は少なくありません。必ず、何について話しているのかということを冒頭で切り出して、目的を確認してから戦略⬇戦術の順番で話をすれば、あなたの話は非常に「戦略的」だと捉《とら》えられて説得力が増すことと思います。

戦略と戦術はどちらが大切？

ここで最も重要な話に入りましょう。戦略と戦術はどちらの方が重要なのでしょうか？　ここまで読まれた読者は、戦略も戦術もそれぞれ非常に大切であることは理解されたと思います。戦略は目的達成のための資源配分を決めるので、戦略が弱いと正しい方向へ資源を集中することができなくなります。戦術は、戦略で決められた領域で経営資源を消費する実行プランのことです。戦略がどのように正しく方向性を打ち出していても、戦術が弱ければ目的は絶対に達成されません。

図を見ながら考えてみましょう。横軸に戦略（Strategy）の良し悪しを、縦軸に戦術

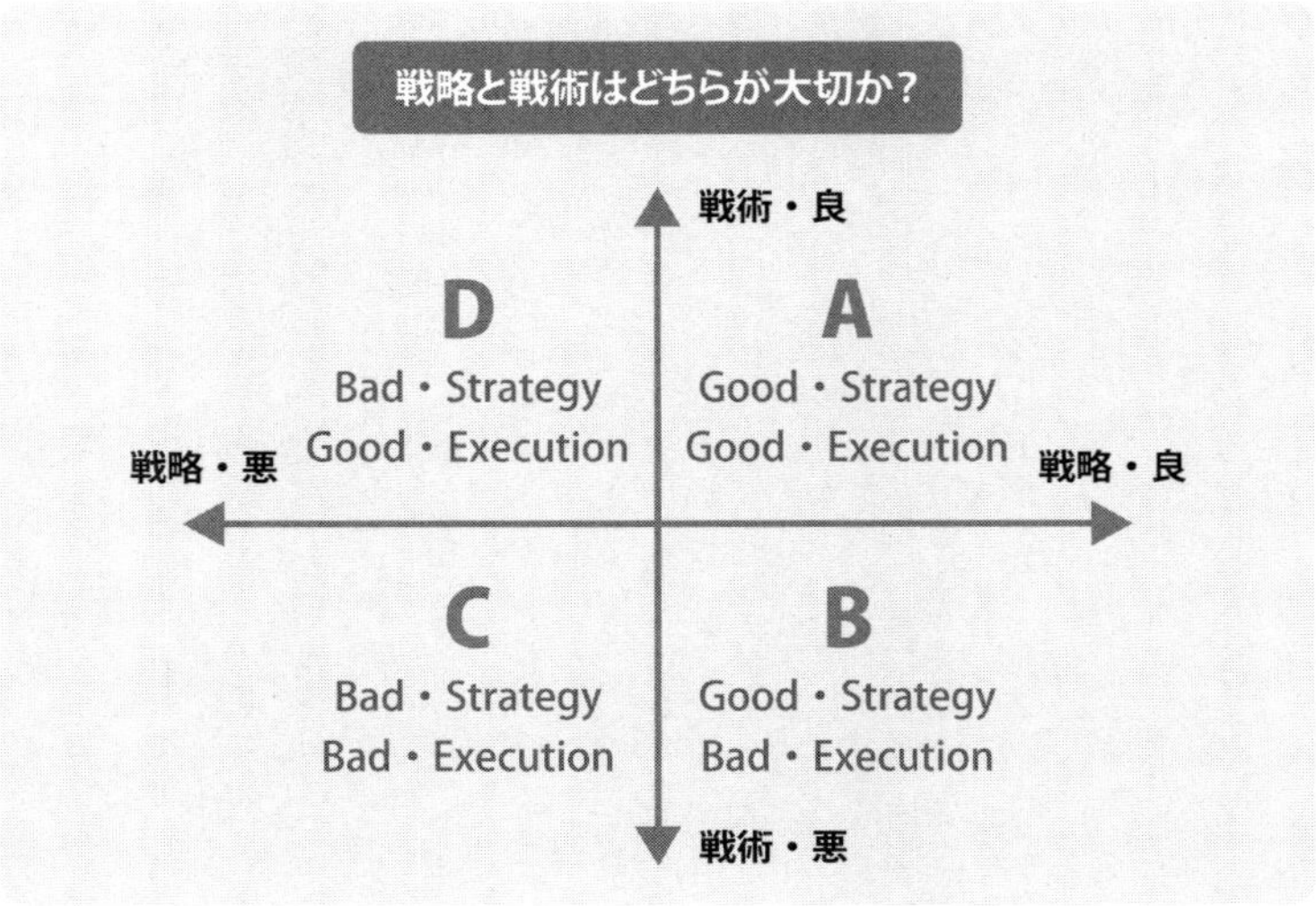

(Execution)の良し悪しをとり、4つのグループに分割します。それぞれ、第1象限をA(Good Strategy & Good Execution)、第2象限をB(Good Strategy & Bad Execution)、第3象限をC(Bad Strategy & Bad Execution)、第4象限をD(Bad Strategy & Good Execution)と定めます。ビジネスの結果が良いと思う順番に、この4つを並べてみてください。

あなたはどういう順番を付けたでしょうか？　実はこの問題は何度となく講義でやっているので、多くの皆さんが答えるパターンを私はすでに知っています。「A→B→D→C」と答える人が最も多く、次に多いのが「A→D→B→C」です。しかしどちらも正解ではありません。正解は「A→B→C→D」です。Aは最善、Bは次善、Cはマシ、Dが最悪です。なぜだかわかるでしょうか？　これを感覚的に理解できるようにしましょう。

大阪のＵＳＪから千葉にあるＴＤＲまで行くという目的を例に考えてみましょう。ＡのGood Strategy & Good Executionとはどういうことか？　まず戦略がGoodですからＵＳＪからＴＤＲへの「正しい方向」へ進みます。戦術もGoodということは、その具体的な手段も強いということです。飛行機（早く行ける）、新幹線（便利で快適）、バス（安く行ける）などです。この組み合わせだと、目的であるＴＤＲへ到着するというミッションは十分に達成できますので、Ａが最善であることを疑う余地はありません。

Ｂの Good Strategy & Bad Executionとはどういうことでしょう？　これは、戦略が良いわけですからＡと同じく正しい方向へ進みます。しかし、戦術が弱いのです。たとえば自転車（遅い、しんどい）とか、歩く（もはや着かない？）とか。目的には近づくのですが達成できない可能性が高いのです。しかしＵＳＪからＴＤＲまでの距離は縮まるのでこれを次善としますす。

ではＣの Bad Strategy & Bad Executionを考えてみましょう。戦略も戦術も弱いとはどういうことか？　それは間違った方向に、間違った手段で進むということです。戦略を間違えたということは、たとえばＴＤＲと間違えて香港《ホンコン》ディズニーの方向へ進んだということ。ＴＤＲのある千葉とは真逆の方向です。加えてその時の戦術も弱かったのです。自転車とか徒歩とか……。間違った方向へちょっとだけ近づくということが起こります。このＣがまだマシと言われるのは、途中で気がついたときにまだリカバリーしやすいからです。

最後に最悪と呼ばれるＤ、Bad Strategy & Good Executionについて。間違った戦略で、戦術が強かった時には一体どうなるのか？　それは間違った方向へ、思い切り進むことを意味し

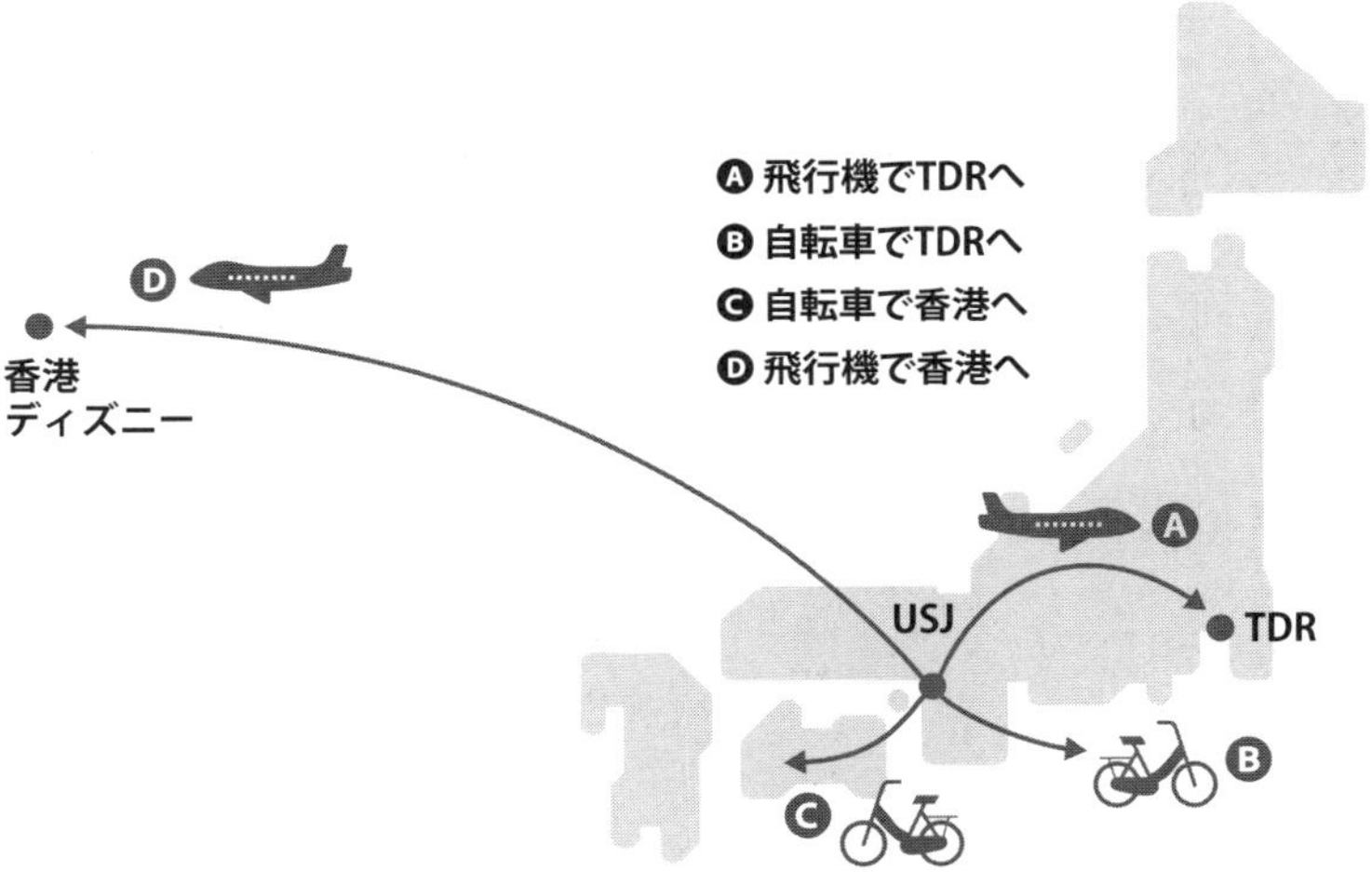

ています。香港ディズニーへ向かって、飛行機で飛んで行ってしまうということです。気がついた時には目的から猛烈に離れてしまい、リカバリーすることが非常に困難になります。これが最悪のビジネス結果を生む可能性が一番高いのです。

つまり**戦略の方が戦術よりも大事**なのです。**戦略の大きなミスは戦術ではリカバリーできない**からです。間違った戦略で戦術的に優れてしまうことは、傷口をより大きくしてしまうことになりかねません。中には「いやいや、経験上、戦略はまずかったけれど、戦術の強さで何とかなったケースはいくらでもある」とおっしゃる人もいるかと思います。しかしそれは戦術で補って目的達成できる程度の戦略、つまり良くはないけれども特別に悪くもない「OKな戦略」だったということです。

企業にとって「どう戦うか（戦術）」の前に「どこで戦うか（戦略）」を正しく見定めること

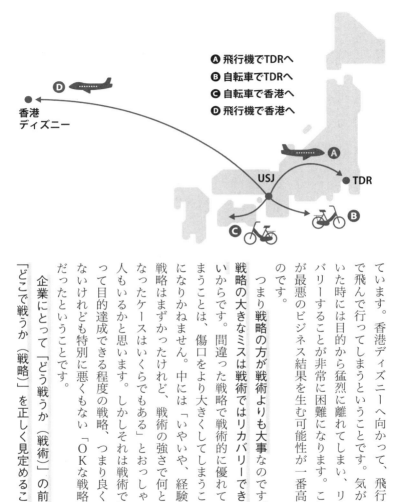

が何よりも重要だと、私が随所で強調しているのはそのためです。しかし多くの人は、より具体的で考えることが容易な戦術的な方法論ばかりに頭を使っていることが多い。ExecutionやHOWから考えるのではなく、まずは戦略に執着して経営資源を集中していく大きな方向性を選択することです。「戦略が強いと正しい方向へ進む、戦術が強いと遠くまで飛べる」ということです。

戦略を先に定める、戦略の方が戦術よりも大切であると書きました。しかしながら、戦術の重要性ももう一度強調しておきたいと思います。

私のキャリアの前半は、戦術の詰めが甘くて結果が出せないことが少なからずありました。私はもともと抽象思考や数学が大好きで、大戦略を創り上げることに無上の喜びを感じるタイプでした。そんな私がヘアケアでシャンプーを売りはじめてからしばらくの間は、店頭展開プランなどの多くの戦術的課題に甘さがあったのです。決してサボっていた訳ではないのですが、営業企画の人間に任せてしまっていました。自ら鬼気迫る緊張感でそこに入り込んで詰めていたかと言えば、そこまではしていませんでした。その結果、せっかく良い戦略を考えたとしても、結果を最大化させることがなかなかできなかったのです。

売りはどこで作られているのか？　それを考えれば消費者との接点である戦術を制することがどれだけ重要かは明白です。消費者が実際に眼に触れるものの現場、TVCM、商品パッケージ、店頭での山積や価格、それら全てのExecutionに徹底した詰めができるかどうか、最終的な結果を大きく左右するのは、消費者との最前線である戦術の強さなのです。ずいぶんと頭でっかちだった私は、かつての上司達に「現場」で学ぶことの大切さや「戦術の詰め」の重要性を教えてもらい、実戦で何度も痛い思いを経験しながら、その意味を理解しました。

鬼気迫る執念で戦術を詰めようとしても、たくさんある戦術局面で「強い戦術」を全て揃えることは至難の業です。まして大部隊を率いる立場になっていくと、自分で直接コントロールできることは少なくなり、間接的に多くの部下を通じて戦術の強さを担保しなくてはいけなくなります。「戦術の詰めに対する執念」は並々ならぬものが必要になります。USJでCMOをしている現在でも、私が時間をみつけてパークを歩くのはそのためです。新しいアトラクションやイベント、TVCMやPR、SNSなどマーケティング戦術も事前にしっかり見るようにしているのもそのためです。目的を達成するために、結果を出すために、多くの仲間を勝利に連れて行くために、戦術は大切だからです。

良い戦略と悪い戦略をどう見分けるのか？

良い戦略とは何が良いのでしょうか？「目的を達成するために経営資源をどこに集中させるかという選択」である戦略が素晴らしいということは、どのような特徴を持つのでしょうか？それがわかれば、良い戦略を作りやすくなるはずです。自分が立てた戦略がどの程度良いのか、実行前に自分で判断ができるようになるはずです。

最も典型的な戦略の良し悪しのモノサシを紹介したいと思います。戦略（Strategy）の4Sチェックです。以下の4点において強い戦略は、良い戦略である可能性が高いとされています。

Selective（セレクティブ：選択的かどうか?）：やることとやらないことを明確に区別できているかということ。明確な選択があれば、やることの範囲が絞られて、同時にやらないことも明確になり、貴重な経営資源を集中投下することができるようになります。その戦局において勝つ確率が上がります。

Sufficient（サフィシエント：十分かどうか?）：戦略によって投入されることが決まった経営資源がその戦局での勝利に十分であるかどうかということ。実はSufficientかどうかはSelectiveかどうかと双子の関係にあります。Selectiveであれば、重要な局面ではSufficientになるのです。逆にSufficientでないならば、もっとSelectiveになって、選ぶことで経営資源を足りるようにせねばなりません。

Sustainable（サステイナブル：継続可能かどうか?）：立てた戦略が、短期ではなく中長期で維持継続できるかという視点です。中長期で維持しやすい戦略であればあるほど、より長く競争優位を維持できるので良い戦略ということになります。Sustainableの観点で問題となる例は、競合がすぐに真似をして追随可能となる戦略や、自社の経営資源がすぐに枯渇して継続不能になることがわかっている戦略などです。

Synchronized（シンクロナイズド：自社の特徴との整合性は?）：自社の特徴（強みと弱み、

あるいは経営資源の特徴）を有利に活用できているかということです。自社の技術力が強みであるならばそれを活《い》かした戦略の方が成功する確率は高く、自社の弱みに依存した戦略はその逆の結果を招く確率が高い。特に競合企業の特徴と照らし合わせて、こちらの特徴上の強みが向こうの特徴上の弱みにハマるような戦略は最も美しく、勝つ確率が非常に高くなります。

以上が４つのＳですが、実際には４つ全てＯＫ！　と胸を張れるような戦略はあまりありません。いくつかの強みといくつかの不安が共存したまま、その戦略を発動するかどうかは当事者のギリギリの判断になります。私の経験則で言えば、すごく上手《うま》く行った戦略というのは、この４つのどれもがまあまあという平均的なものではありません。３つほどは当てはまった上に、どこかに突出した強みを持つものがホームランになることが多かったです。あくまでこの４つは戦略の良し悪しを考える上での視点として活用してください。４つ全てにチェックを入れないと船出できないということではありません。

USJの「セレクトショップ」戦略

ＵＳＪのブランド戦略を例に、４Ｓチェックをしてみましょう。ＵＳＪは5年前から「映画だけのテーマパーク」をやめて、「世界最高のエンターテイメントを集めたセレクトショップ」にブランド戦略を切り替えました。最近では、ハリー・ポッターなどの大型投資で映画を大切にしつつも、それ以外のアニメやゲームなどの様々なジャンルからエンターテイメント・ブランドを積極的にパークに集める戦略をとって成功しました。アニメなら「ワンピース」、

「進撃の巨人」、「エヴァンゲリオン」など。ゲームなら「モンスターハンター」、「バイオハザード」、「妖怪ウォッチ」など。それら強力なブランドを集めてパーク集客を強化してきました。

このセレクトショップ戦略は現在、寒さを吹き飛ばす巨大イベントへと繋がっています。冬の閑散期から期間限定で開催している「ユニバーサル・クールジャパン」です。日本が生みだしたマンガ、アニメ、ゲーム、ファッションや音楽の中から、いくつかの特別なブランドをパークに集めて世界に発信する大イベントです。1年の中でも特に寒い1～2月は、長年にわたってテーマパーク業界の最悪の閑散期と呼ばれ、どこの施設も極端に集客が少ない季節でした。パークによってはこの時期は開けるだけで大赤字なので閉園にするところも少なくありません。V字回復をすでに遂げたとはいえ、USJもこの閑散期の集客はあまりにも低いので、かつてのハロウィーンのようにひっくり返す方法がないか思案していたのです。

そこで考えたのは、この寒い時期にも動きそうな消費者がいないかということです。寒いと外出しづらい小さな子供連れファミリーではなく、スキーやスノーボードをするためならもっと寒い雪山にでも行く若者層に着眼しました。特にこの時期は学生層がテスト後で時間が自由になる上に卒業旅行等の需要も高く、有力なターゲットとなりました。もう1つ、この時期に旧正月などの長期休暇で海外旅行需要が増すインバウンドを取り込むことも有力な狙い目でした。若者とインバウンドの両方にアピールできるイベントとして設計したのです。

「ユニバーサル・クールジャパン」は2015年から実施して2年目になります。2015年は「エヴァンゲリオン」、「進撃の巨人」、「モンスターハンター」、「バイオハザード」の4つを集め、2016年はもう1つ「きゃりーぱみゅぱみゅ」を加えて5つの日本が誇るブランドを一堂に集めました。この5つの日本が誇るブランドは国内での人気はもちろん、海外での知名度も高く多くの熱狂的ファンを持っています。

結果として、この時期も大盛況！　2月の月間集客は4割以上も伸び、ついにUSJに閑散期はなくなりました。狙ったとおり学生層が一気に押し寄せ、訪日したインバウンドのUSJへの立ち寄り率も顕著に上がりました。これらのブランドの熱狂的なファン達にとっては、自分の大好きなブランドの最高のアトラクションがあることは、ハリー・ポッターファンがハリー・ポッター目当てにはるばるUSJにやってくるのと同じ動機の強さになるのです。

さて、5年半前に戻りましょう。私が映画以外のものも積極的に取り入れるこのような戦略を思いついたのは、安定的に年間1000万人以上を集客する目的のために、Sufficient とSynchronized に大きな強みのある戦略だと判断したからです。

まずそれらの素晴らしいブランドが「十分な集客力」を発揮してくれることが需要予測調査でわかっていました。ゲストの満足度という観点でもファンが泣いて喜ぶような「十分な品質」が作りやすいことも消費者理解に基づいてわかっていたのです。「集客」と「ゲスト満足度」において非常に Sufficient な戦略に思えたのです。

更に、ハリウッド映画のアトラクションに比べて圧倒的に低予算で実行可能であったことは、当時資金難に苦しんでいた会社の数々の問題を解決してくれます。これら多くのブランドの集客力を分析して選定し、最適の効率で商業化していくマーケティング力こそが、USJの強みとなりました。また短い期間に高い品質のイベントやアトラクションを製作するためのUSJ

が誇る作り手達の高い能力も、ＵＳＪ伝統の強みでした。それらはＵＳＪの社内の事情や特長と見事に合致したSynchronizedの強みでしたので、この戦略はうまく行くと判断したのです。

仮に、別の戦略をやることになっていたらどうだったでしょう？　例えば「映画だけのパークに原点回帰する」という戦略がなぜ間違っているのか、４Ｓで検証してみましょう。

資金が足りないという社内の経営資源の事情とSynchronizedされていないので、Sustainableではない、いずれ行き詰まる致命的な戦略だということがわかると思います。十分な集客力を発揮するハリウッド映画のアトラクションを導入するには、版権料や建設費など莫大《ばくだい》な費用がかかるのです。５年に１回そこそこのものを導入することは不可能ではないですが、そのくらいの導入頻度では、集客を安定して上向けることなどできないのです。映画のアトラクションで毎年ニュースを作っていく……当時のＵＳＪはそのような費用を用意できる財務体質ではなかったのです。当時の資金で毎年導入が可能な映画関連のアトラクションは、鳴かず飛ばずのしょぼい映画。それでは集客効果がほとんどないのです。

という訳で「原点回帰戦略」は、４Ｓのどこにも強みはない上に実行不可能な戦略だったのです。映画だけが好きな少数派のファンのためにパークを潰《つぶ》す訳にはいかないので、私は迷わずブランド戦略を「世界最高のエンタメを集めたセレクトショップ」に変更したのです。映画以外の多くのブランドの稼ぎのおかげで、莫大な費用をかけて映画ファン垂涎《すいぜん》のハリー・ポッターを建てることができました。今後も映画は軸として大事にしていきますが、映画だけにこだわらず、最高のエンターテイメント・ブランドを貪欲《どんよく》に集めていきたいと考えています。そしていつの日か、日本が生みだしたクリエイティブでハリー・ポッターエリアよりも凄《すご》いものを作って、ＵＳＪだけでなく海外にも輸出して、日本人の創造力で世界を感動させたいと思います。

素晴らしい戦略は相手と自分の差を利用する

良い戦略を立てるために大切なことは、**重要な経営資源である「情報」をきっちりと獲得するということです。**市場、消費者、競合などをよく分析し、４Ｓに強みを持たせるような経営資源の集中を考えていきます。その際に、できるだけ自社の特徴と主だった競合の特徴を比べてみて、その差をうまく利用する戦略があり得ないか、自身の思考に加重をかけて、よく考えてみることです。

美しい戦略というのは、相手と自分の特徴の差を、自身に有利になるように活用できているものです。相手が大軍であったとしても、大軍である強みの裏に必ずある弱点（統率が難しい、速度が遅い、補給が難しい、油断しがちである）を衝《つ》くべく戦略を立てるのです。物事には必ず二面性があります。強みの裏側には必ず弱みがあります。同じ特徴でも文脈を変えれば強みは弱みにもなります。自身に有利になるように文脈（戦いのルール）を設定すると言った方が適切でしょうか。

古い話ですが、オーラルケア（歯磨き粉・歯ブラシ市場）の巨人「ライオン」の天下を、「サンスター」という勇敢なチャレンジャーが美しく崩したことがあります。サンスターは小ヘッド歯ブラシ（ヘッドが小さいから奥歯まで磨きやすい歯ブラシ）を発売してシェアを急速に奪いました。しかし巨人であったライオンはすぐに追随することができなかった。なぜならライオンは歯ブラシで№1だっただけでなく、歯磨き粉でも№1だったからです。

歯ブラシのヘッドに沿って歯磨き粉を出して使う消費者習慣があるため、小ヘッドの歯ブラシでは歯磨き粉の消費量が減ってしまう。ライオンはできればその方向へ相乗りはしたくなかったのです。サンスターが巨人のジレンマを衝いたことで、ライオンは反撃を決断するまでに時間がかかったと言われています。本当のところはわかりませんが、狙ってそうなったならば美しく鮮やかな戦略です。

もっと古い話ですが、かつて世界最強と言われたロシアのバルチック艦隊を、1905年の「日本海海戦《にほんかいかいせん》」で東郷平八郎《とうごうへいはちろう》率いる日本艦隊は撃破しました。38隻からなるロシア側艦船のうち撃沈されたのは実に20隻以上に及び、4800名もの戦死者を出し、艦隊司令ロジェストヴェンスキー少将をはじめ約6000名が捕虜となり、帰還できた主な艦船は3隻のみ。バルチック艦隊は木っ端微塵《みじん》に壊滅したのです。対する日本側の主な被害は、沈没した水雷艇3隻のみという一方的な勝利となりました。

両陣営は装甲巡洋艦以上の戦闘艦の数では互いに12隻と互角に見えますが、当時の勝利の趨《すう》勢《せい》を決する火力の軸となる戦艦（巨砲を搭載している大型戦闘艦）の数では、日本の4隻に対してロシアは倍の8隻を擁していました。巨砲（9インチ以上の火砲）の数で勝るバルチック艦隊を相手に、どうしてこれほどの一方的な勝利をおさめることができたのか？

戦術的な勝利要因の解説から始めましょう。有名なのは海戦史上前代未聞の「トーゴー・ターン」と言われる敵前大回頭です。これによって相手艦隊の進路を妨害しつつ、日本艦隊にと

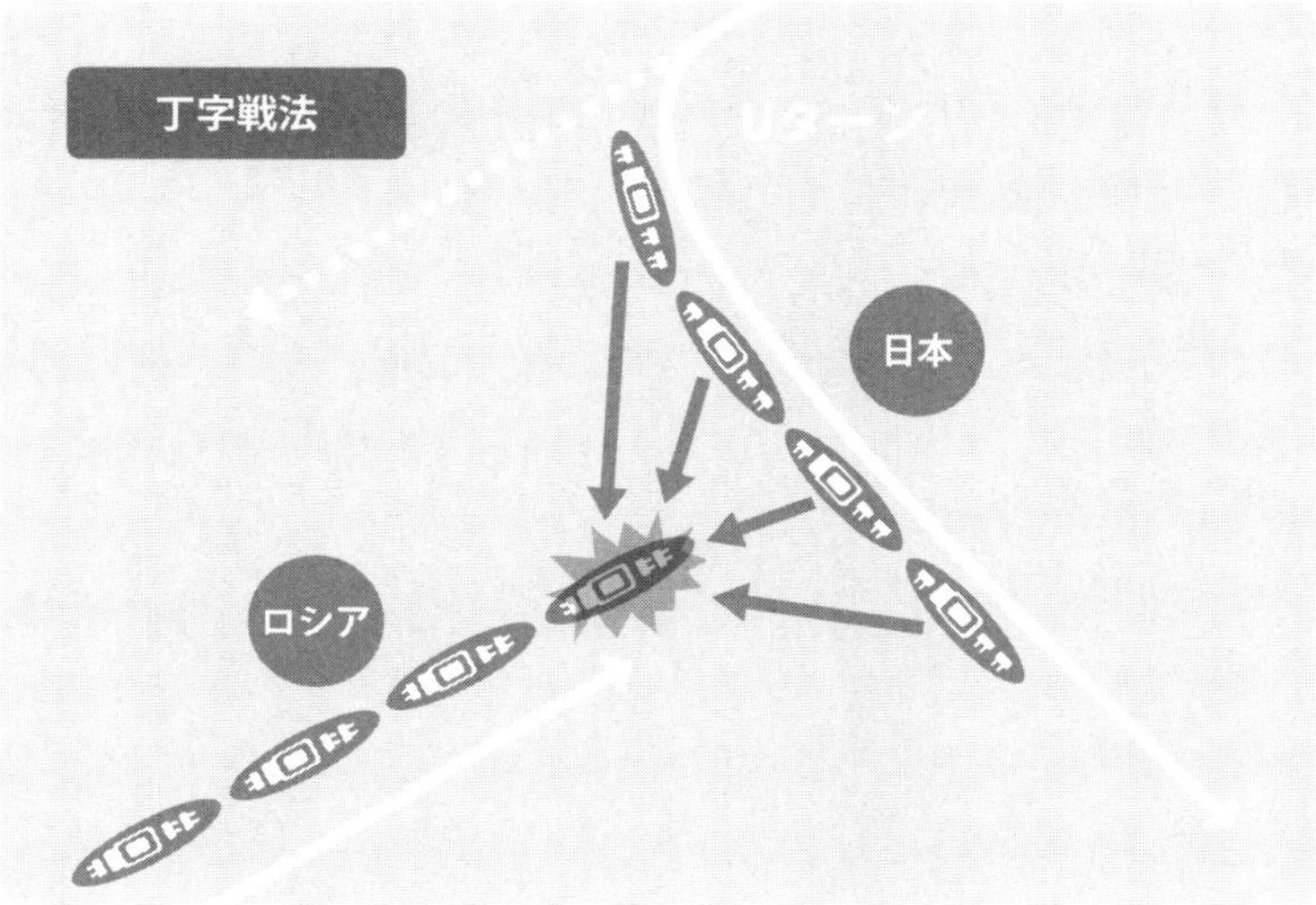

って有利な陣形「丁字戦法」をとったと言われています（本当に丁字が完成していたのかについては諸説あるようです）。隊形を縦に連ねて進行してくる敵艦隊に対して、丁の字になるように迎え撃つことができれば、自分の艦隊の火力を最大限発揮して敵先頭艦を集中攻撃することができるのです。

　戦闘艦の火力が最大化するのは、相手に対して自艦の横腹を向けた時と相場は決まっています。火砲が艦に設置されている物理的な条件のせいで、前向きや後向きに火砲を発射しようとすると、一度に全火砲を使用できないのです。つまり丁字の形にすることができれば、火力が制限される縦方向に使わざるをえない相手に対し、最大火力を発揮できる圧倒的優位に立つことができるということです。

　しかし、相手もプロですからそんな不利な陣形には簡単に引っ掛かってくれません。通常の艦隊戦では、一列になって進む艦隊がすれ違いながら、腹どうしを向け合って砲撃し合う形になることが多かったのです。この時も、対馬《つしま》海域に侵入してウラジオストックに抜けようとするバルチック艦隊を、北方向から迎え撃った日本艦隊は、そのまま腹どうしを向け合って撃ちあうべく、進路をとっていました。そう、日本艦隊の先頭にあった旗艦「三笠《みかさ》」が突然進路を変えるまでは！

日本艦隊が突然のUターンを開始します。敵艦隊の前でいきなり大きく方向転換をする隙を作ることは集中砲火を浴びる大きなリスクを伴います。三笠はこの大回頭に少なくとも数分を要しています。しかし果敢にリスクをとって、バルチック艦隊の進行方向を塞《ふさ》ぐように隊列を進め、丁字形の優位に立ったと言われています。

いきなり旗艦「三笠」が沈められ、艦隊全体も回頭の隙に大被害を受けるかもしれないリスクをとって、よくぞこの敵前Uターン戦法を決断したものだと、東郷司令官や秋山《あきやま》参謀らの勇気を称《たた》える人は多いです。

しかし私はそれも彼らが計算し尽くしたリスクだったと考えています。Uターンしている最中に砲撃を多少は受けるとしても、三笠らがどの進路をとるのかわからない回頭中に、ロシア側は大規模な砲撃を集中して命中させることはできないと計算していたのではないでしょうか。また、旗艦「三笠」は日本で最も防御力に優れた最新鋭艦でした。装甲の薄い他の艦に被弾して早期に多くを撃沈されるよりは、むしろ三笠に敵の砲撃を集中させたい思惑があったのではないでしょうか？

戦術的には「敵前大回頭を成功させた」ことが大きかったのですが、戦略的にはどうだったのか？　私は日本艦隊の「戦略」こそが敵前大回頭という戦術をも成功させたと考えています。

火力で圧倒的に勝るバルチック艦隊に勝つために、集中して活用すべき日本側の特徴を、彼らは必死に考えていたに違いありません。

無敵に見えるバルチック艦隊に対抗しうる日本の強みは2つ。

(1) 速射砲の数で勝ること。

射程と威力の大きい巨砲の数では不利な日本ですが、射程の短い速射砲の数ではロシアを大きく上回っていました。長距離では勝ち目が無くとも、速射砲が威力を発揮する間合いに踏み込んで戦えば必ずしも負けないということです。

(2) 機動力で勝ること。

日本艦隊は機動力に優れており、艦隊運用速度においてバルチック艦隊を数ノット上回る性能を有していました。更に、整備の利点があります。メンテナンスが近くの軍港で行き届いている日本に対して、バルチック艦隊は半年に及ぶ大航海の末の海戦で船体にはフジツボなどの貝類が付着し、水の抵抗が増して艦隊速力が数段落ちていたはずです。はるばるインド洋を回ってきたロシア側が、まともに整備できる軍港に寄港できたとは思えません。最後に兵の士気と練度という意味でも、長旅で疲労していたロシアの海兵に対して、一糸乱れぬ艦隊運動を目指して猛演習を繰り返し、近海で待ち受けていた日本の方が有利でした。

美しい戦略は相手との差を利用します。東郷司令官や秋山参謀は、「速射砲の数で勝つ」方法を必死に考えたに違いありません。速射砲を活かせる形に持ち込むために、相手に勝る機動力をどうやって活かすのか必死に考えたはずです。そうやって勝てるシナリオを明確にしていった先に、敵前大回頭という大胆な戦術に行きついたのだと思います。速射砲の数を活かした集中砲火を敵の先頭に浴びせることができる丁字戦法を目指せたのは、相手の強みを殺して自分の強みを活かす美しい戦略が根底にあったからです。奇跡のように思える勝利でしたが、実は勝つべくして勝った「戦略の勝利」だと私は考えています。

大きい相手には大きいゆえの弱点があるものです。一見、不利に思えても、その不利さの裏側に自分たちは何か持っていないか、想定される状況を切り替えながらよく考えてみることです。その中に相手を倒しえる「特徴」がないか、その特徴がどのような文脈にハマれば勝つことがありえるのか。自分が相手ならば何をされるのが一番困るのかもよく考えてみることです。

戦略というのは、実際には答えが永遠にわからないものです。USJも素晴らしい戦略でV字回復したとお褒めの言葉を頂きます。目的が達成できたので、戦略は数ある正解の中の1つであったことは間違いないです。しかしそれがベストだったかはわからないのです。私自身はもっと良い戦略もありえたと実際にいくつかを考えています。

戦略的思考は正解がわかるようでわからない、ましてベストは永遠にわからない。戦略的思索には終わりがなく、それがゆえどこまでも自由なのです。だから面白い！　戦略的思考しだいで会社を勝利に導き、世の中にポジティブな変化を起こすことも可能なのです！

第4章のまとめ

「戦略」を学ぼう

---

1. 戦略（Strategy）とは、目的を達成するための資源配分の選択のこと。

2. 戦略が必要な理由は、達成すべき目的があり、常に資源が足りないから。

3. 代表的な経営資源は6つ（カネ、ヒト、モノ、情報、時間、知的財産）。

4. 最も大切な経営資源は「ヒト」、唯一6つの経営資源を使いこなせるから。

5. 戦術（TacticあるいはExecution）とは、戦略を実行する具体的なプランのこと。

6. 戦略的に考えるとは、目的⇒戦略⇒戦術の順に沿って大きいところから考えること。

7. 戦略と戦術の階層（レイヤー）がわからなくなったら、もう一度しっかりと「目的」を確認する。

8. 戦略の方が戦術よりも重要な理由は、大きな戦略的ミスは戦術ではリカバーできないから。しかし戦術が弱くても目的は達成できないので、戦術の詰めは極めて重要。

9. 戦略の良し悪しのモノサシの4Sチェックとは、Selective（選択的か?）、Sufficient（十分か?）、Sustainable（継続可能か?）、Synchronized（整合性はあるか?）。

10. 素晴らしい戦略は、相手と自分の特徴の違いを自分に有利に活用できている。

第5章

マーケティング・フレームワークを学ぼう

マーケティング・フレームワークの全体像

「マーケティング・フレームワーク」のフレームワークとは、何かを考えるときの基本となる頭の使い方の型《かた》のことです。**マーケティングの課題に取り組むにあたって、その型に沿って考えていくと「整合性のある戦略と戦術」を生み出しやすくなる便利な道具**だと考えてください。

第４章では、目的に近い大きいところから順に考えていくこと（目的➡戦略➡戦術）を紹介しました。実はこれも、「戦略的思考のフレームワーク」だったのです。戦略的思考のフレームワークを理解できた人は、この第５章はそれほど難しくなく理解できるはずです。なぜならば、**マーケティング・フレームワークとは、戦略的思考のフレームワークを使ってマーケティングの手法を整理したもの**だからです。

ここで紹介するマーケティング・フレームワークは、唯一絶対ではなく、数あるマーケティング・フレームワークのなかの１つです。私が日常で使っているもので、P&G時代に学んだことを土台にして、その後自身で学んだことを練り込んでいます。

第４章では４つの大事な戦略用語を紹介しました。全ての最上位概念であり命題そのものである「目的（Objective）」、経営資源を投下する的である「目標（Target）」、経営資源をどう配分して何に集中するのかの選択である「戦略（Strategy）」、そしてその戦略をどう実行していくのかを具体的に定める「戦術（Tactic あるいは Execution）」の４つです。マーケティング・フレームワークでは、その４つにそれぞれマーケティング用語をあてはめてこのように考えます。

目的：OBJECTIVE（達成すべき目的は何か？）
目標：WHO（誰に売るのか？）
戦略：WHAT（何を売るのか？）
戦術：HOW（どうやって売るのか？）

やはり、必ず目的に近いところから順番に考えて決めていきます。目的（OBJECTIVE）➡目標（WHO）➡戦略（WHAT）➡戦術（HOW）の順番です。

その前に、マーケターには必ずやっておくべきことがあります。自ブランドをめぐる「戦況分析」です。これは非常に重要です。後に解説しますが、鋭い戦況分析によってもたらされるビジネスにまつわる情報は、市場の理解、消費者の理解、競合の理解、経営資源の理解など、どれも決定的なものばかりです。戦況分析によってもたらされた情報資源を土台にして適切な目的を設定し、WHO（誰に？）を決定し、そのWHOに対してWHAT（ブランド価値のどの部分を訴求するのか？）を決定し、最後にHOW（どうやってWHOにWHATを届けるのか？）を決定していきます。OBJECTIVE、WHO、WHAT、HOW、それぞれが戦況分析によって得られた質の高い情報資源を必要とします。これがマーケティング・フレームワークの全体像です。

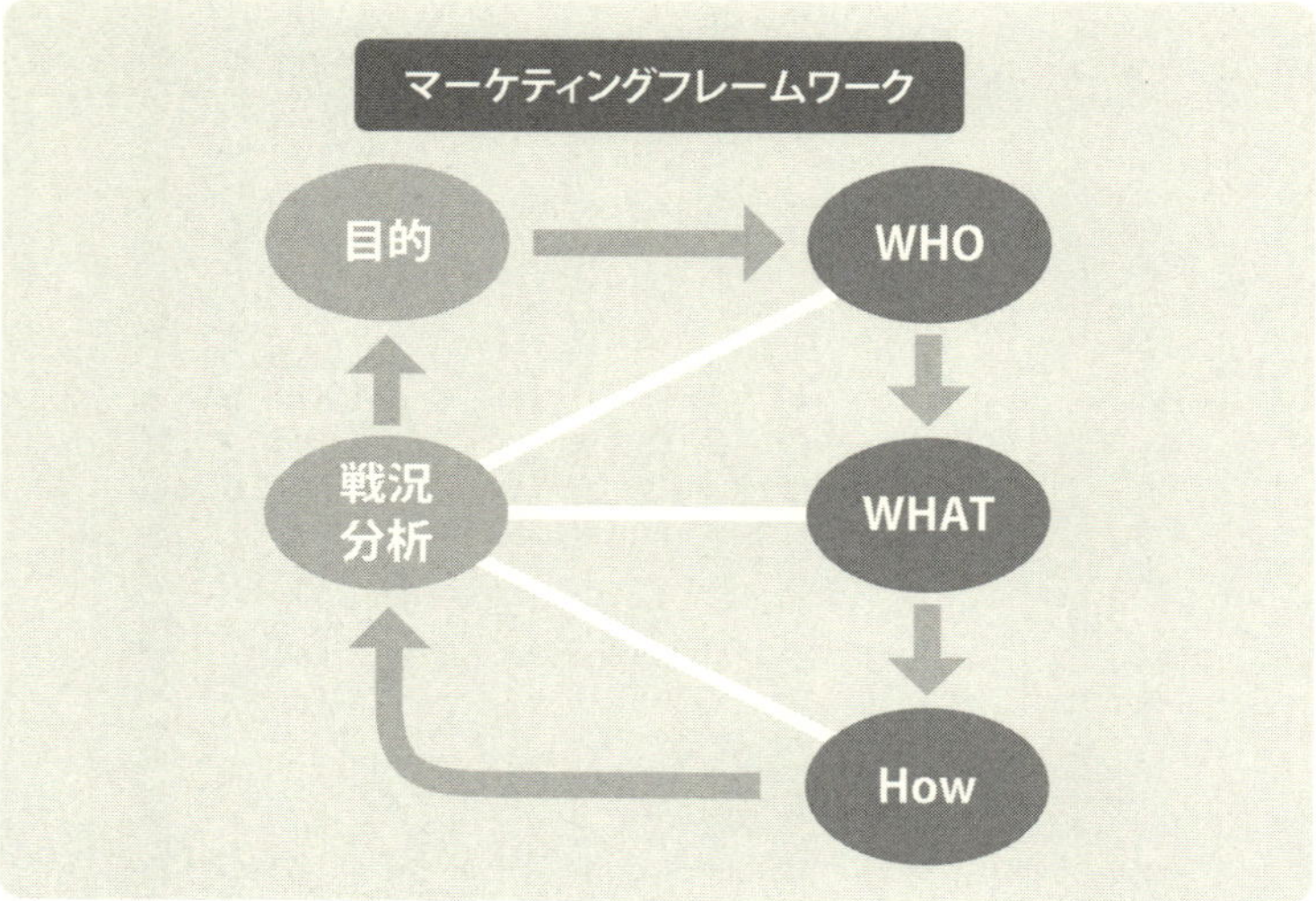

1. 戦況分析（Assessing The Landscape）

市場構造の理解が重要な理由

質の高い情報は、精度の高い戦略の立案、つまり精度の高い意思決定に欠かせません。大切なのは量よりも質、情報の価値は質そのものにあると考えています。私のような数学マーケターが特に重視するのは、この戦況分析です。良いマーケティング戦略が作れるのか、平凡で終わるのかの分かれ道は、戦況分析のやり方に差があると私は信じています。

５Ｃ分析など具体的な戦況分析の切り口も後述しますが、それよりも先に読者の皆さんに理解して頂きたい私の信念を書かせてください。それは「一体何のために戦況分析をしっかりとやらねばならないのか」という大局での理解についてです。

戦況分析とは、「市場構造」をよく理解して、それを味方につけるためにやるのです。ビジネスに限らず、人間の営みは全て「構造的な仕組み」に収束していきます。多くの人間がいて社会を形成し、絶えず無数のミクロの利害が衝突して力学が蓄積され、全体としての構造が定まっていきます。「構造」とは、わかりやすく言えば、「全体としての人々のやり方」です。

例えば、私がかつて売っていたシャンプーなどのヘアケア市場では、製造メーカーサイドのさまざまな事情、流通（卸や小売など）の事情、最終購入者である無数の消費者の事情、それら全ての力学がぶつかり合って、ある一定のやり方に収まってきました。それが現在のヘアケア市場の「市場構造」です。

この市場構造を1つの機械（マシーン）と捉《とら》えて、その仕組みをちゃんと理解することが重要です。どの利害関係がどう繋《つな》がっているのか、何が何によって決まっているのか、どこを押せば何がどう動くのか……。構造をよく理解して、効果的なマシーンの操縦方法を解明しなくては、自ブランドを勝たせることができません。市場構造を無視した手前勝手な戦略を推し進めても成功することは難しいのです。

水は高いところから低いところに流れます。それが自然の摂理です。水を低いところから高いところに流すことは不可能ではありませんが、多くのエネルギーが必要です。同じく市場構造に逆らうことも不可能ではありませんが、膨大な経営資源が必要になるのです。画期的に思えた戦略や戦術が、実行してみると上手《うま》く行かない場合の典型的なパターンがこれです。その戦略は知らず知らずのうちに市場構造における自然の摂理のどこかに逆らってしまっているのです。

それは最初から失敗することを運命付けられた戦略を選んでしまったということです。戦略を立てることが苦手な人の大半は、自然の摂理を見極めるための市場構造の理解が足りない上に、そもそもの認識が甘いのです。

戦況分析を本気でやる理由は、市場構造に逆らって確実に失敗する「地雷」を避けるためです。そしてできればその市場構造を自分の味方につけられるような戦略がないかを考えるためです。水の流れに逆らうより、水の流れを利用できないかを考える方が得だからです。

かつての軍事的天才の多くは、戦いを始めるずっと前に、想定される戦場を自分の足で歩き、自分の目でみて、戦場の地形や気候条件を味方につける方法がないか必死に考えました。太陽を背負って戦った方が有利なことを彼らは知っていました。山を背にして高所から攻め下りて戦った方が、位置エネルギーを利用できるため敵軍を撃破するのに有利であることも彼らは知っていたのです。狭い地形では大軍といえども縦深陣形にならざるを得ず、一度に大量の戦力を活用できないことも彼らは知っていた。自然の摂理に逆らって貴重な戦力を消耗するのではなく、自軍に有利に働く地形的要所を必死に探していたに違いありません。何のために？　味方の多くの命を賭《か》けたやり取りに勝つためです。文字通り「必死」だからです。

それに比べて我々は、仕事に向きあうときにどのくらい必死でやっているでしょうか。どれだけ本気で勝ちに執着できているでしょうか。多くの人が本当に「必死」ならば、戦況分析に本気で力を入れるマーケターはもっと多くても良いはずです。しかし現実は市場構造を読み解く情報投資に対して甘い人（というか激甘）が多いと感じるのは、私の偏見でしょうか。

無邪気に戦場に飛び込んで平気で地雷を踏む人は、会社や仲間を勝利に導くことはできません。地雷を踏むのは自分だけではないのです。地雷を踏めば、自分が連れてきた多くの仲間もろとも、全ての努力と未来への希望も吹っ飛びます。その痛みを実戦での生傷として記憶していれば、戦場の理解にもっと必死になれるはずだと思います。

5C分析

もっとも一般的な戦況分析の視点である「5C分析」を紹介します。自社をとりまくビジネス環境を理解するにあたり、この5つの領域に着眼すべきであるという、とてもわかりやすい考え方です。

5つとは、Company（自社の理解）、Consumer（消費者の理解）、Customer（流通など中間顧客の理解）、Competitor（競合する他社の理解）、Community（ビジネスをとりまく地域社会の理解）です。それぞれの頭文字のCをとって5C分析と呼びます。1つ1つをどう分析すべきなのかについては、詳しくやろうと思えばどこまでも際限なく書くことになってしまうので、本書ではそれぞれを診る意味と、診るべき視点を中心に簡潔にまとめます。数学を駆使した私の具体的な方法論は次作『確率思考の戦略論（仮題）』に詳しく書く予定ですので、そちらを参照してください。

Company（自社の理解）：己をしっかりと知ることが第一歩となります。以下の3つの理解が不可欠です。

まず**自社の全体戦略を理解すること**です。会社全体や上位組織の戦略を理解することは、その後の全ての作業が徒労に終わらないために非常に大切です。会社方針に反した戦略をとることは、水の流れに逆らって泳ごうとするようなもので非効率です。会社の大戦略に沿ったもの（会社が求めるもの）のために頭脳を使わなくてはいけません。

次に、**自社の使いうる経営資源をできる限りたくさん把握すること**。どのような能力を持った「人」がどのくらい投入可能かを把握したり、投資できる予算とその承認プロセスや執行のパターンを理解したり、使用可能な設備や機械や特許やブランド等の知財をどのレベルで持っているのか調べたり、既に会社の中に蓄えられているデータなど情報資源の種類や質を理解する等、経営資源の把握には実に多くの時間を費やします。

最後に**自社の能力や性格としての特徴（強み・弱み）を把握すること**。過去にどのようなことをやってきたのか、その際に機能した特徴は何なのかを見ていくことで、自社の強みと弱みが浮かび上がって行きます。

このようにCompanyの分析は、自社組織がどんな全体意志を持っていて、どんな経営資源をどれだけ持っていて、何が得意で不得意かということを明らかにしていきます。

Consumer（消費者の理解）：マーケターの真髄ともいうべき課題です。マーケティングは消費者理解に始まって消費者理解に終わります。消費者理解では、**消費者を量的に理解すること（数値データを用いて広く全体像を理解するのに役立つ）**と、**消費者を質的に理解すること（質的調査などを通して消費者の深層心理に迫ること）**の両方が**重要**です。

量的な理解では、消費者のデモグラフィック（年齢、性別、収入などの人口統計学的なデータのこと）な理解や、対象商品の世帯浸透率（世帯で使用されている割合）や認知率・購入頻度といった購買行動の理解や、主だったブランドへの消費者の認識（ブランド・エクイティー調査）を理解することなどが中心となります。

優れた成果を出す人と、まあまあの人と、冴《さ》えない人の「上・中・下」に無理やりマーケターを分類するとします。私の経験上、中と下を分けているのは「自社ブランドやカテゴリーの文脈の中で消費者心理をちゃんと理解できているかどうか」です。上と中を分けているのは「ビジネスの文脈を超えて、消費者心理を人として包括的に理解できているかどうか」です。

良いマーケターは、特定の商材に対しての消費者ニーズの理解に努めるだけでなく、底辺に流れる価値観や悩みはどんなことなのか、常日頃どんなことに関心を持っているのか、別の文脈ではどんな消費行動をとるのか、それはなぜなのか等、人としての総合的な質的理解に努めようとします。患部だけを診るのではなく、総合的な人体として病気を診ようとする医師の姿勢に似ています。

そのために重要なのが消費者の質的な理解です。適切な質的調査を重ねていくと消費者がその商品を買う根源的な理由が見えてくるのです。そのような総合的で深い消費者理解のみから生み出されるマーケターの強力な武器があります。それを「消費者インサイト」と言います。消費者自身が気づいていない（あるいは直視したくない）隠された真実のことです。ここをマーケターが意図的に衝《つ》くと、消費者の心を大きく動かすことができるのです。

Customer（流通など中間顧客の理解）：流通（トレード）のように自社と消費者の間にいる

存在がCustomerです。協働して市場価値を作り上げているパートナーとも言えますし、市場価値のパイを奪い合っている競合とも言えます。味方でもあり敵でもある中間業者を深く理解しておくことは、「店頭を制する」マーケティングの戦いにおいてとりわけ重要になります。

その理解のために着眼すべきポイントは、Company（自社の理解）とほぼ重なります。その取引先の戦略（方針や関心事）の理解や、強み・弱みの理解が特に重要になります。ただし、自社とは考え方の違いが多かれ少なかれあることを予想しておくことです。自社と同じような考え方をしていないことの方が多く、明確な戦略なんてそもそもない会社である可能性も想定しておかねばなりません。1社1社の理解も重要ですが、束になったときの業界としての傾向や不文律にも留意する必要があります。

Competitor（競合他社の理解）：競合他社の理解とは、ライバル社の研究だけをしておけばよいというものではありません。広義においての競合理解までやっておかなくてはならないということです。

具体例で話しましょう。USJにとっての狭義の競合他社は、「近隣遊園地各社」や「東京ディズニーリゾート」など、遠方も含む同業者のことです。USJの代替品になり得る他社をしっかり理解する必要があります。しかしそれだけでは不十分です。USJの広義の意味の競合がうじゃうじゃ存在しているからです。

それらが何かわかりますか？　テーマパーク・遊園地以外のレジャーも全て「ストレス解消」という消費者ニーズの土俵で争っている競合なのです。水族館、映画館、カラオケ、ボーリング、ショッピングモールなどはもちろん、魚釣りやハイキングのようなアウトドアも、近所の公園のような無料施設までも、広義の意味では競合になるのです。

例えば、東京ディズニーリゾートよりも私が脅威に感じている競合の1つに「スマートフォン」があります。テーマパークにとっては、「非日常への現実逃避」、「時間を取り合う」、「可処分所得を取り合う」などの意味において、同じ土俵で争っている恐るべき競合です。スマホは同時に消費者にリーチするための重要なメディアともなっているので思案が必要です。

このように「自ブランドが消費者に提供している価値が何なのか?」を正しく理解していれば、着眼すべき競合の姿は明らかになっていきます。

Community(ビジネスをとりまく地域社会の理解):社会がビジネスに与える様々な外部要因があります。それをCommunityと言います。代表的なものは、法律などの規制、世論、税率、景気、為替《かわせ》レートなどです。この要素がビジネスに決定的な影響を与える場合は少なくありません。法律が自社にとって有利あるいは不利に変わることは実際に結構ある話です。

例えば、米国で可決した厳しい排ガス規制法案が自動車業界各社に与えた影響は計り知れません。日本の国会でカジノを含むIR法案がいつ可決するかと固唾《かたず》を呑《の》んで見守っている会社も数知れません。税率の変化は、消費税率の引き上げのように消費全般に及ぶものから、酒税(第三のビールへの税率変更など)のように特定のカテゴリーに甚大な影響を与えるものまであります。

またマスメディアによって増幅された世論は、自ブランドへの購買行動に大きな影響を与えます。

景気の変動は全ての業界に影響がありますが、特にテーマパークのような嗜好品《しこうひん》業界に強く働きます。為替レートの変動は輸出産業と輸入産業の明暗を分けますし、インバウンド（外国人観光客）の増減にも決定的な影響を与えます。

このような外部要因の多くは、自社でコントロールできるものではありません。大事なことは、自社のビジネスに多大な影響を与えるCommunity要素のドライバーを予《あらかじ》め明確にしておくことと、その動静をモニターして変化の兆しに細心の注意を払うことです。その振れ幅を予め想定しておいて、吉と出れば何をするか、凶と出れば何をするか、自社でコントロールできる選択オプションを事前に準備しておくことです。

2. 目的の設定(OBJECTIVE)

自社をとりまく戦況分析を進めながら、最初にすべき仕事は目的の設定です。この目的如何《いかん》によっては、その後の目標も戦略も戦術も全てが変わってきてしまいます。目的が適切であることの重要性は、いくら強調してもし過ぎることはありません。適切な目的設定とは何でしょうか。3つの点を私は重視しています。

（1） 実現可能性（ギリギリ届く高さを狙う）

適切な目的とは「高すぎず低すぎず」という相反する条件を満たすものです。どうやっても達成不可能な目的では戦略の立てようがなく、社員のモティベーションも上がりません。「高すぎず」とは、かろうじて達成できる射程距離ギリギリには入っているということです。言い換えれば、何とか達成できるのではないかと実現性をそれなりに感じられる範囲内に設定するということです。「低すぎず」とは、簡単すぎる目的では誰も努力せず、重大な機会ロスになってしまうことを避けるということです。目的は遠すぎてもダメ、近すぎてもダメ。「無理だとは思わないけど、それは高い目的だな」と思える塩梅《あんばい》が大事です。

(2) シンプルさ

要素がたくさん含まれる複雑な目的設定は機能しません。それぞれの多元的目的における優先順位を明確にしなくてはならなくなり、長くて認識しにくくて覚えにくい、更には戦略や戦術まで複雑でどうしようもないものに変貌《へんぼう》させてしまいます。人が理解できる、覚えられる、すぐに思い出せることが大切で、そのためにシンプルな目的設定を心がけねばなりません。

私はUSJでそれぞれの局面ごとに1要素だけのシンプルな目的設定を心がけました。ユニバーサル・ワンダーランドを建てたときは「ファミリー層の獲得」という目的を、ハリー・ポッターを建てたときは「関西依存の集客体質からの脱却」を、それらを複合させた大戦略の目的は「開業年度の過去最高集客(1100万人)を大きく超えること」としました。その戦略は何を達成するために考えるのかということに影響しますので、限りなくシンプルで明確な目的設定を心がけるようにしています。

（3）魅力的かどうか

関わっているスタッフはもちろん皆プロですから、会社にとって重要だと理解できたら、たいていの目的に対しては素直に頑張ってくれるものです。しかしながら、それよりも更に強力なのは、1人1人が奮い立つような魅力を備えた目的を設定することです。頭だけではなく、心からどうしても達成したくなるような目的が設定できれば、どんどん人を巻き込んでいくことができます。

数年前までUSJは、皆で爪に火を灯《とも》し塩を舐《な》めて、ひたすら低予算のアイデアで戦っていました。「この苦しさは、何としてもハリー・ポッターを建てるためである！」という明確な目的を宣言したときの部下達の目の色の変わりようは、今でも鮮明に覚えています。

人が気持ちを入れられる**魅力的な目的の設定は、人的資源を激増させる**ことができるのです。それは戦略や戦術ステージを粘り強く戦い続けるための大きなボーナスとなります。

以上の3点に留意しながら目的を設定するのが良いのですが、現実は、会社全体の目的設定はもちろん、自分が属する組織の目的にしても、あるいは自分自身の業務の目的でさえも、「自分では決められない！」という人が多いのではないでしょうか。目的は常に上から降ってくるというのが、会社という組織に身をおく多くの人々の感覚だと思います。戦略のカスケード・ダウンで、下位組織の目的やミッションは上位組織の戦略から否《いや》がおうでも落とし込まれてくるからです。自分で目的の決定に関与できる領域が狭い、というかほとんど無いと感じている人の方が多いでしょう。

しかしながら、戦略的リーダーシップの強い人は、自分の業務に影響を及ぼす目的の設定に関与しようとするものですし、決定権がないにしても、降ってきた目的をより明確に再設定する提案や調整を行うものです。それが上位組織にとってもより良い目的設定であれば、提案は受け入れられるものです。そして、そういう戦略的リーダーシップに優れた人は、いずれ上位組織に上がっていくものなのです。

自分で目的を設定する局面は遠からずやってきます。若い時から、その心構えと練習を積んでおくことは重要です。誰かから与えられるものではなく、自分自身で考えて目的を提案できるようになっておかないと、自分起点で組織を動かす人間にはなれません。できるだけ目的設定に関与していく姿勢が大切です。

3. WHO（誰に売るのか？）

(1) 消費者を選ぶ理由

目的を明確にした次にやることは、その目的を満たすためのマーケティングのターゲット（目標）として誰を狙うのかというWHOの決定です。マーケティングにおけるWHOの考え方の本質に迫りましょう。最初に米国の有名なコメディアンであったビル・コスビーの名言を紹介します。

「私は成功のカギというものはわからないが、失敗のカギは知っている。それは全ての人を喜ばせようとすることだ」

この言葉の意味するところがＷＨＯの真髄です。ターゲットとなる消費者は選ばねばならないということです。ＷＨＯとは限られたリソース（経営資源）を投下する目標となる消費者のことです。**限られたリソースを消費者全員に投下すれば、１人当たりのリソースは薄くなってしまいます。**

総マーケティング予算をターゲット数で割ったものが１人当たりのマーケティング予算です。それが認知形成や購買意欲を掻《か》き立てるのに十分であれば良いのですが、たいていの場合、薄い予算では「勝てるライン」に届かず、全負けになる可能性が大きいのです。そのことを彼は「ターゲットを選ばずに全員を喜ばせようとすることが失敗のカギである」と言っています。マーケターは、ターゲット１人当たりのマーケティング予算が十分（Sufficient）になるように、ターゲットを選ぶ必要があるのです（Selective）。そのターゲットの選択をＷＨＯと呼びます。

その他にも、ターゲットを選ぶ理由があと２つあります。１つは、**消費者全体の中でも「買う確率」や「購買欲」に大きな偏りがある**ということです。

日本の個人の銀行預金は10％未満の客が90％以上の預金を保有し、米国のレンタカービジネスはたった０・５％の客が25％もの売上を占め、英国の炭酸飲料はたった６％の消費者が60％の売上を占めていると言われています。買う確率や購買力は均等に分布しているのではなく、どこかに大きく偏っているものなのです。だからターゲットを選んでリソースを集中した方が

戦略ターゲットとコアターゲット

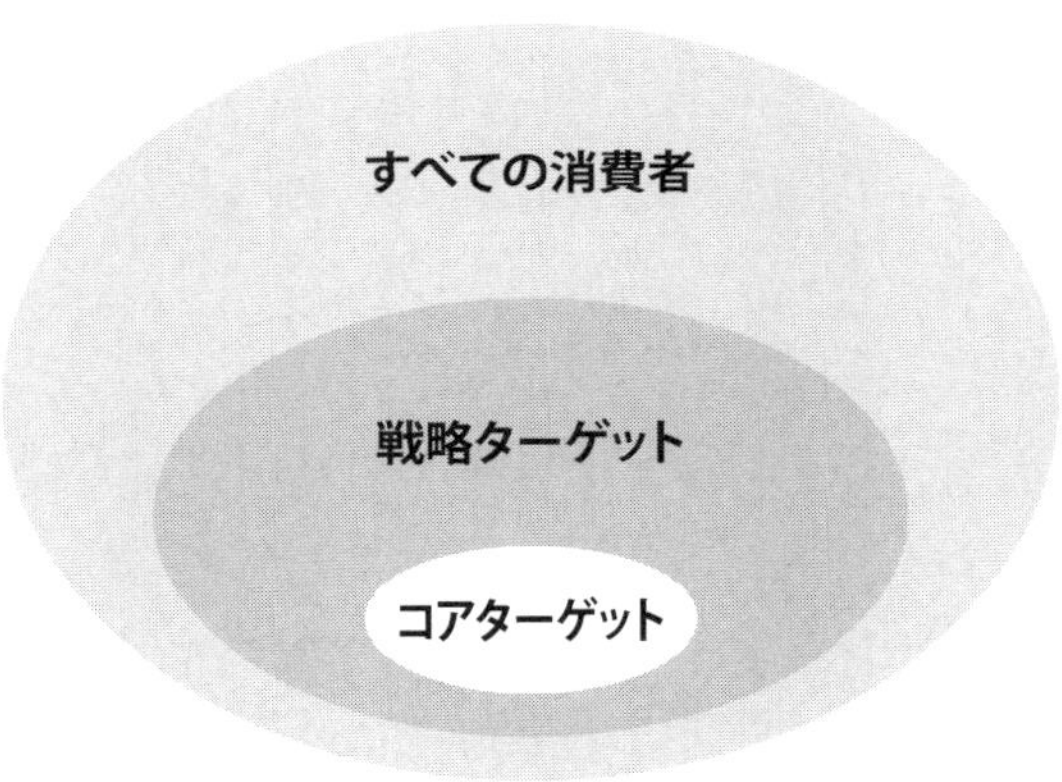

効率が良いのです。

もう1つの理由は、**満たすべき消費者ニーズにも偏りがある**ということです。消費者全員を最高に喜ばせる商品は非常に作りにくいのです。万人に向けて作った商品が、誰にとっても最高のものになるとは限りません。むしろ誰にとっても中途半端な商品になる可能性が高いのです。消費者ニーズにも偏りがあります。どの消費者のニーズを満たすのかを選ばなければなりません。ビル・コスビーは長年の経験で、全ての人を笑わせようとしたら失敗することがわかったのでしょう。笑いのツボは千差万別なので、全員を喜ばせようとすると誰にとっても中途半端な笑いにしかならないのです。

(2)「戦略ターゲット」と「コアターゲット」

私が行っているWHOの設定のやり方は、戦略ターゲット(Strategic Target)とコアターゲット(Core Target)の2つを明確に定めることです。全ての消費者の中から、まず戦略ターゲットを選び、その次にコアターゲットを選びます。その時にコアターゲットは必ず戦略ターゲットの中に納まらなくてはいけません。

戦略ターゲット：ブランドがマーケティング予算を必ず投下する最も大きなくくりのことです。戦略ターゲットの外にいる消費者は、完全に捨てることを意味します。勝手にブランドを買ってくれるのは大歓迎ですが、こちらからはマーケティング予算を1円も使いません。通常はそのブランドのメディア・ターゲットと重なります。たとえばＴＶＣＭなどのマスマーケティングを投下する範囲に等しくなります。

戦略ターゲットは、メディアを集中してブランド・エクイティーを構築する対象ですから、短期でコロコロと変更すべきではなく、中長期的な視点で定義しなくてはいけません。**最も注意すべきは、この戦略ターゲットのくくりが目的達成に照らして小さすぎないようにすること**です。戦略ターゲットが小さすぎるためにビジネスが非効率になっているケースは多く見受けられます。

例えばテーマパークのような老若男女を相手にする大衆ビジネスでは、かつてのＵＳＪのように戦略ターゲットを「ハリウッド映画が好きな消費者」と定めてしまうとあまりにも幅が狭いのです。関西という立地条件で年間１０００万人以上の集客を達成するには、消費者全体の８割くらいをカバーできる設定にしておくべきなのです。

コアターゲット：戦略ターゲットの中で、更にマーケティング予算を集中投資するターゲット

消費者のくくりをコアターゲットと言います。消費者の購入確率や購買力に大きく偏りがある時、ブランドを購入する必然性の高い消費者グループをコアターゲットとして設定します。このコアターゲットに対しては、戦略ターゲット全体に対して組まれることが多いＴＶＣＭなどのマスマーケティングプランに加えて、よりターゲットされたマーケティング施策が組まれることになります。サンプリングであったり、ダイレクトメールであったり、特典プロモーションであったり、最も手厚くマーケティング予算を使用される消費者グループとなります。

コアターゲットは目的次第で複数を設定することも珍しくありませんし、戦略ターゲットに比べてより短期で変更しても構いません。最も注意すべき点は、このコアターゲットも、目的達成に照らして小さすぎないようにすることです。一概には言えませんが、テーマパークのような大衆ビジネスの場合は、戦略ターゲットは全体の８割、コアターゲットは全体の１〜３割程度のケースが多いです。

また、コアターゲットの内側と外側を決めている違いが何であるのかが明確でなければ、効率的にリーチすることができません。絵に描いた餅《もち》で終わるので注意が必要です。

（３）コアターゲットの見つけ方

実戦においてもう少し役立つところまで解説しましょう。コアターゲットはどう考えてどうやって見つけるのか？　経験上、次の６つのパターンのどれかが当てはまります。

既存ブランドが成長したい時に有効なコアターゲットを発見する6つの切り口

①ペネトレーション：カテゴリーの中で自ブランドの世帯浸透率を増やせるグループはいないか？　全世帯の中で自ブランドを使用している世帯の割合を世帯浸透率ペネトレーション(Penetration)と言います。もし自ブランドの浸透率を伸ばすための「空白地」を見つけることができたならば、それは有力なコアターゲットになる可能性があります。例えば、USJが新ファミリーエリア「ユニバーサル・ワンダーランド」を建設したのは、「小さな子供連れファミリー」という大きなグループがUSJにとってはペネトレーションを上げていくべき大きな余白だと判断したからです。

②ロイヤルティ：既存の使用者の中で「SOR(Share of Requirements)」を伸ばせるグループはないか？　SORとは、1年の間に消費するそのカテゴリー全体の消費量に対する自ブランドの消費量の割合、カテゴリー消費量に占める自ブランドのシェアです。これを大きく伸ばせそうな消費者グループを見つけると、それはとても良いコアターゲットになる可能性を秘めています。典型的な例は、マイレージカードやポイントカードです。あるいは大きなサイズを一度に買わせて次回買うまでの期間を長くして他のブランドに浮気する機会を圧迫します。競合ブランドをブロックし、連続でそのブランドを消費させるように仕向けるやり方です。

③コンサンプション：既存の使用者の中で1回あたりの「消費量」を増やせるグループはいな

いか？ 1回あたりの消費量（Consumption）が増えれば、自ブランドの売上を伸ばすことができます。これが見つかれば売上の向上に非常に有力なコアターゲットとなります。有名な話では、味の素が容器の穴の数を増やしたところ、飛躍的に消費が伸びたということがありました。テーマパークでは、日帰り客を宿泊客に変えること等が当てはまります。

④システム：**既存の使用者の中で使用商品の種類（SKU数）を増やせるグループはいないか？** 消費者が同一ブランド内で複数商品を使うことをシステム使用と言います。これも多品種を出しているブランド（化粧品など）では非常に有力な手段となります。わかりやすい例では、シャンプーだけしか使っていない消費者にコンディショナーやトリートメントなども使わせることができないかを考えること等が当てはまります。

⑤パーチェス・サイクル：**既存の使用者の中で購入頻度を上げる（購入サイクルを短くする）理由を作れるグループはいないか？** 例えば、散髪屋さんが全客平均で5週間に1回来店していたサイクルを4週間に1回に縮めることができたならば、1人も客を増やさなくても年間の売上は2割も向上します。そのようなグループを見つけられたならば非常に有力なコアターゲットになりえます。

⑥ブランド・スイッチ：**競合ブランド使用者の中にブランド変更の可能性の高いグループはないか？** 文字通りの競合ブランドユーザーから奪ってくるためのコアターゲットの設定です。

ブランド・スイッチの必然を作れそうなグループを見つけたとき、果敢に攻めるのもコアターゲットの設定のやり方です。しかしながら、これを6つ目にもってきたのには理由があります。経験上、エネルギー（リソース）がより多くかかるのでハードルは高めです。他の5つで有力なコアターゲットが見つかるのであれば、敢《あ》えて選ぶ必要はありません。

以上の6つのどれかがあるのではないかと自分に加圧して考えてみて下さい。きっと有力なコアターゲットを見つけられると思います。もし見つけられないのであれば、まだ消費者理解が足りないということです。**解決策の切り口は、ほとんどの場合において消費者理解の中に埋まっている**ものです。マーケティングの真髄は消費者理解にあるということを決して忘れないで下さい。ＷＨＡＴやＨＯＷよりもＷＨＯが大切なのです。

（4）消費者インサイト

コアターゲットが明確に定まったのならば、コアターゲットの深い深層心理を探りましょう。「消費者インサイト」を見つけるのです！　**消費者インサイトとは「消費者の隠された真実」**のことで、この消費者インサイトをコミュニケーションで衝くと、消費者の認識が大きく変わったり感情が大きく動いたりします。

インサイトを衝かれることで消費者は自社ブランドのベネフィット（Benefit=商品便益）を大幅に理解しやすくなったり、欲しくなったりするのです。消費者の認識を大きく変えるインサイトをマインド・オープニング・インサイトと呼び、消費者の感情を大きく動かすインサイトをハート・オープニング・インサイトと呼びます。いずれもブランドの便益を売る驚異的なジャンプ台となります。

消費者インサイトと消費者ニーズは違います。インサイトはあくまでも隠された真実であって、指摘されてみて平気で「そうだよ」なんて消費者に反応されるものはインサイトではないのです。「いや、そんなことはないよ！」と拒否してみたくなったり、考えるのが嫌だからできるだけ考えないようにしているものがインサイトです。強い消費者インサイトは、理性を「はっと」させるか、感情を深く「エグる」ものです。

マインド・オープニング・インサイトの例を挙げましょう。理性をはっとさせます。これはP＆Gの同僚がやった素晴らしい仕事ですが、洗濯用洗剤「アリエール」の話です。「除菌ができるアリエール」という新バージョンを発売したのですが、さっぱりうまく売れません。当時は衣服に菌がいるなどという消費者の認識はほとんどなかったので、洗剤が除菌をするメリットが消費者にはピンとこなかったのです。

そこでその同僚はマインド・オープニング・インサイトを見つけて衝きました。「部屋干しの衣類からニオイがするのは衣服にたくさん菌がいるから」というインサイトです。このインサイトによって、消費者は「あー！ なるほど！ 服には菌がついていたのか！」と除菌という便益の価値を一発で理解することができるようになったのです。これで除菌ができるアリエールは非常にシェアを伸ばしました。

ハート・オープニング・インサイトの例も挙げてみましょう。こちらは感情をエグります。私がＵＳＪに入社して実際に指揮を執った最初の仕事、２０１０年のクリスマス・イベントの話です。それまでのクリスマスのＴＶＣＭを始めとするコミュニケーションは「昼にはこんなことを楽しめて、夜にはこんなことも楽しめます」という非常に当たり前な説明の正攻法を取っていました。私はそれを消費者インサイトを衝くことで大きく変えてみることにしたのです。

この時に衝くことにしたインサイトは親の切ない深層心理をエグるものです。これを奇麗な言葉で表現すると「子供と本気で楽しめるクリスマスはあと何回もない」というものです。

もっとわかりやすく表現すると「あなたのまだあどけなくてかわいい娘はすぐに大きくなって、クリスマスなんてあなたと一緒に過ごしたがらなくなります。すぐにクリスマスイブは帰って来なくなって、ホテルで彼氏と過ごすようになりますよ。だってお母さん、あなたも身に覚えがあるでしょう？」というもの。

これをそのまま露骨に表現するとさすがに世の中に非難されますから、我々はそのインサイトをこのようなコピーに変換して切ないパパ目線のナレーションで語りました。

「いつか君が大きくなってクリスマスの魔法が解けてしまうまでに、あと何回こんなクリスマスが過ごせるかな……」と。

そしてＴＶＣＭでは大人っぽい表情ができる少女をキャスティングし、父親と2人でクリスマスのパークをデートしているストーリーを撮りました。「娘が女になる！」という親の恐れを掻き立てるために、娘が無邪気にパパの二の腕を摑《つか》んで斜め45度の目線で笑う「オヤジ殺しショット」など、「無邪気な娘の女の顔」を彷彿《ほうふつ》させるアングルや仕草を徹底的に計算して盛り込みました。視聴者である親たちにドキッとしてもらうためです。自分達の若かりし頃を思い出させて、自分の子供もあっという間に大人になっちゃうという、親にとっては切ないインサイトを衝いたのです。

それは「今年のクリスマスは貴重な1回なんだ！」と感じてもらうためです。このインサイトのおかげで、USJで特別なクリスマスを過ごすことを感情的にとても欲するように……。こうやって完成したTVCMやWEBのマーケティング・プログラムを軸に2010年のクリスマスのコミュニケーションは展開されました。パークにおけるクリスマスの内容、つまりプロダクト（製品）は前年までと全く変わっていません。変わったのは消費者インサイトを衝いたコミュニケーションだけです。

それだけでクリスマスシーズンの集客効果は前年に対して倍増しました。WHOをちゃんと理解して強いインサイトを見つけて活用するだけで、売上を倍増させることもできるのです。このクリスマスの売り方に自信を深めた我々は、翌年の2011年にはパーク10周年を記念して、クリスマスツリーを「世界一の光のツリー」へと大幅にアップグレードしました。クリスマスツリーとしての電飾数が世界一となってギネスに登録されたことで話題になりました。2015年度に登場した最新のものは、その光の球数をさらに53万球にまで増やしてゲストを驚かせています。

4. WHAT（何を売るのか？）

マーケティング・フレームワークにおけるWHATの使命は、自ブランドの消費者価値を選ぶことです。ブランドの存在理由ともいうべき消費者価値を選んで明確に規定します。消費者がそのブランドを選ぶ必然、そのブランドを購入する根源的な理由、それがWHAT（何を売るのか?）での戦略的な選択となります。

消費者がブランドを買う根源的な価値

ハーバード大学院の教授だったレヴィット博士が紹介した格言を引用します（レヴィット博士は「企業の最重要資産は顧客情報である」との視点を世に打ち出し、現在の顧客情報のデータベース化への大きな動きを作りだしたマーケティング界の巨人です）。

「人々は4分の1インチのドリルを欲しいのではない。人々が欲しいのは4分の1インチの穴である」

消費者が本当に欲しいのは、ドリルという工具そのものではなくて、ドリルを使って得られる「穴」であるという洞察は非常に鋭いものがあります。自分達が本当に売っているのは何か（消費者の根源的な価値）を考えるのに強い示唆を与え続けている名言です。

USJでも全く同じことが当てはまります。私が入社時に考えていたことは、USJのTVCMを大幅に強化できるということでした。USJの従来のTVCMは、消費者がUSJのチケットを買う根源的な価値を十分に訴求できていないとわかっていたからです。

消費者が欲しいのはアトラクションではないのです。消費者が欲しているのは、そのアトラクションそのものではなく、どんなアトラクションを体験したときに巻き起こる「感情」です。アトラクションそのものではなく、どんな感動が味わえるのかを訴求せねばなりません。USJの場合は、アトラクションやイベントではなく「感情」こそがWHAT、アトラクションはその感情をデリバーする装置であり、それらの製品（モノ）はHOWに属します。

ブランド・エクイティーの中では？

第3章でブランド・エクイティーについて解説しました。ブランド・エクイティーとは消費者がブランドに対してもっている一定のイメージであり、ブランドを製品（モノ）以上の価値足らしめている消費者の頭の中の一定の認識のことです。簡単に言えば、消費者がそのブランドについて想起する全ての要素がブランド・エクイティーです。

ブランド・エクイティーの中でも特に重要なのが、消費者がそのブランドを選ぶ強い理由になっている「戦略的ブランド・エクイティー（Strategic Brand Equity）」です。WHATとはその戦略的ブランド・エクイティーのことです。**ブランド・エクイティーの中で根源的な便益の構成部分のことをマーケティング・フレームワークではWHATと呼ぶ**のです。便益とはベネフィットとも言いますが、消費者がお金を払ってそのブランドを買う理由のことです。つまり、WHATとはベネフィットであるとも言えます。

言ってる意味がわからない？　では具体例でWHATの理解を深めましょう。ただし、ここに挙げるWHATは、あくまでも私の主観による解釈です。ブランドのWHATが何であるかということはコンフィデンシャルな領域に属しますので、公開できるような情報ではないのです。あくまで理解を進めるうえでのたとえと考えてください。

1つ目は、「フェラーリ」について考えてみましょう。フェラーリのＷＨＡＴとは一体なんでしょうか？　フェラーリと聞いたらどんなイメージを想起するかまず書き出してみましょう。「超高級スポーツカー、かっこいい、速い、高い、大金持ちが乗る車、赤い車体、馬のエンブレム、官能的な走り、イタリア製、有名人のＸさんやＹさんが乗っている、何千万円もする、しびれるエンジン音、男の夢……」などなど。

これらの言葉を眺めながら、次に買っている人がフェラーリを購入する根源的な理由（ＷＨＡＴ）が何なのか考えてみましょう。厳密には1人1人が微妙に違う理由で買っていると思いますが、大雑把にいうと購入者には2系統いるように思います。

最も多いのは、社会的なステータスとしてのフェラーリを愛していて、自己顕示欲を満たすために買っているユーザーのグループ。もう1系統は、マシーンとしてのフェラーリへの愛が強い車好きなユーザーグループ。圧倒的に多いであろう前者に対しては、ＷＨＡＴは単なるラグジュアリーなどという言葉では摑みきれない気がします。

購入者がフェラーリで手に入れたい根源的な価値は、「成功者としての優越感」とでもいえるでしょうか。その場合の競合品はもはや車とは限りません。「成功者としての優越感」を得られるものは全て代替品として競合します。クルーザー、プライベートジェット、別荘、タワーマンションの最上階など。後者の車好きに関しても、本当に車が好きだからフェラーリを買う人は少数派のように思えます。もし「成功者としての優越感」が得られないのであれば、フェラーリを購入する人は少ないでしょう。

しかしフェラーリの特徴である「圧倒的な速さ」や「ときめくエンジン音」や「官能的な走り」などは、モノとしての走行性能以上に車としての魅力を増進しています。それらは車好きの視点から「成功者としての優越感」を実感させるためのＨＯＷのように思えます。

次は、女性が大好きな「東京ディズニーリゾート」について考えてみましょう。東京ディズニーリゾート（ＴＤＲ）のＷＨＡＴとは何でしょうか？　消費者が買っている「根源的な価値」が何なのかよく考えてみましょう。人はなぜＴＤＲに行くのか？　実際のゲストに聞くと返ってくる典型的な意見は、「ミッキーマウスに会えるから」「ディズニー映画の世界に浸れるから」などだと思います。

ではそれらがＴＤＲのＷＨＡＴでしょうか？　私は違うと思います。戦略とは消費者からは見えにくいものなのです。戦略であるＷＨＡＴ（消費者がそのブランドを買っている根源的価値）は具体的でないことが多く、消費者に聞いても出てくるものではありません。消費者から見える具体的なものの多くはＨＯＷだからです。

先ほどのフェラーリの場合も「成功者としての優越感を得るために買っている」とは購入者本人は答えないと思います。しかしマーケターはその根源的な理由を強化し続けるために全てのマーケティング・リソースをそこに集中していくのです。

ＴＤＲのＷＨＡＴは、「幸福感」ではないかと思います。キャラクターやアトラクションや環境演出など全ての仕掛けはＨＯＷであって、ミッキーに会えた時、美しい夢のような世界に入り込んだ時、ゲストの心の中で起こっている大きな変化は何か？　やはりＴＤＲは「幸せ」

をディズニーのＨＯＷで差別化して売っているのだと思います。

「幸せ」を欲しくない人は稀《まれ》でしょうから、究極に大きくて強いベネフィットを売っているのです。ミッキーマウスに興味がないお父さんだって、子供にせがまれたらＴＤＲに連れて行ってあげたくなります。それは、子供の幸せな顔が見たいから。そしてそれを見て自分も幸せな気持ちになりたいからです。このブランドはよく設計されています。

ポジショニングについて

マーケティング用語の中に「ポジショニング（Positioning）」という考え方があります。簡単にいうと消費者の頭の中にある競合との相対的な位置づけのことです。消費者の頭の中で、購入の強い理由となるブランド・エクイティーに最も近い場所にポジショニングしているブランドが有利になります。

たとえば、家庭用掃除機市場において、「吸引力の強さ」が消費者にとって重要な購買決定理由なのであれば、「吸引力が強い」というブランド・エクイティーを所有している「ダイソン」のポジショニングが有利になります。自動車市場においては、故障の少なさやアフターサービスの充実などの「信頼性・安心感」が消費者にとって重要な購買決定理由の1つだから、そのエクイティーにも最も有利なポジショニングをとっている「TOYOTA」が世界でこれだけ売れているのです。

多くの消費者が購買決定に際してひときわ重要だと思っている価値観があります。掃除機の「吸引力」とか自動車の「信頼性」とか、商品カテゴリーによってその重要な価値は異なっていますが、その判断軸をブランド・エクイティーとして自ブランドが単独で所有できればベストです。単独で所有できなくても、その「軸となるエクイティー」にできるだけ近いところに自ブランドをポジショニングすることで、消費者に選ばれる確率が増すのです。WHOの洞察を徹底的に深めて、消費者がそのカテゴリーの商品を買っている根源的な理由を深く理解すればするほど、その軸となるエクイティーは見えてきます。

しかしたいていの場合、その軸となるエクイティーは、そのカテゴリーのNo.1ブランドが既に単独で所有しているか、競合に対して有利に保持している場合が多いのです。だからこそ、そのブランドがNo.1シェアを取れているわけです。

その場合、チャレンジャーとしてNo.1ブランドに挑戦するあなたは、相手の強固なポジショニングを崩さねばなりません。それは決して簡単ではありませんが、不可能でもありません。相手が所有している強力なブランド・エクイティーを奪いにいくか（既存の軸を奪う）、現在の「軸となるそのエクイティー」を陳腐化してしまうほど新たな別の価値軸を消費者の頭の中に打ち立てていくことになります（競争の軸を変える）。このようなポジショニング・バトルを制するためのマーケティングの高等テクニックにはさまざまなものが存在します。

覚えておくべきことは、ポジショニングが「相対的である」という真理です。たとえば私はよく「右翼的」だと周囲から言われます。私は純粋に日本という国が大好きで「日本という愛する故郷を豊かにして守るのが日本人としての私の使命だ」と思っているだけです。私は米国にも住んでいましたが、米国の中心で同じ事を何度叫んでも「森岡は右翼的だ」などと絶対に言われないことを知っています。なぜならば私のその考え方は世界標準では「当たり前」だからです。私は自分では「保守」だとは思っていますが、右翼ではなく「ど真ん中」だと確信しております。

しかしながら、ポジショニングという観点では私は右に偏っていることになるのです。なぜか？　ポジショニングは「相対的」だからです。他の多くの日本人がずいぶんと私よりも左側に座っているからです。私自身は「ど真ん中」から一歩も動いていないのですが、皆が左に偏って座っているので、その位置からは私は右端にいるように見える。よって「森岡は右翼的」というブランド・エクイティーが成立してしまうのです。マーケターである私はそう解釈しております（笑）。

このようにポジショニングとは相対的であって、自分が動かなくても相手が動くことで自分のブランド・エクイティーが動かされてしまうことが起こります。逆に自分のポジショニングを動かすことによって、全く動かない相手を消費者の頭の中で動かしてしまうこともできるのです。

今日の段階で相手が選ばれる軸となるブランド・エクイティーを所有している絶対王者に見えても、明日の段階でその強固なポジショニングを崩すことも不可能ではありません。卓越したマーケターの多くは自ブランドの相対的なポジショニングを常に必死に考えています。下克上で天下をとるために、消費者の頭の中にある有利な場所へ自ブランドをどう動かすか、あるいは競合ブランドを不利な場所にどう追いやるのか、今の価値軸を大きく変えてしまう方法はないのか……。

王者の側も当然考えています。誰が何を仕掛けてくるのか、差別化を仕掛けられたらどうやって同質化して圧迫するか、もし現在の軸が狂わされるとしたらどんなやり方があり得るのか……。それがマーケター同士が日常的に繰り広げている知恵比べ、ポジショニングの戦いです。全てが消費者の頭の中で繰り広げられている、有利なＷＨＡＴをめぐる陣取り合戦なのです。

5. HOW（どうやって売るのか？）

HOWとは何か？

マーケティング・フレームワークを学ぶ目的で、戦況分析、目的の設定、ＷＨＯ、ＷＨＡＴと理解をしてきました。ここまで理解された読者は、すでにマーケティングの基本的な考え方の多くを頭に入れている状態にあります。最後のＨＯＷを学ぶことによってマーケティング・フレームワークの基礎を固めましょう。あともう一息です。

ＨＯＷとは、戦略的思考で紹介した「戦術」にあたります。戦術が強くないとどれだけ素晴らしい戦略であっても目的が達成できないことを思い出してください。ＨＯＷが弱ければ、どんなに強力なＷＨＡＴであっても消費者に届くことはありません。それだけＨＯＷは重大です。マーケティングでいうところの戦術（エクセキューション：Execution）だからです。**HOWは、WHATをWHOに届けるための仕掛け**なのです。

消費者の目に触れるブランドにまつわるほぼ全ての要素はＨＯＷである場合が多いのです。商品パッケージはもちろんプロダクト（製品）そのものも、ＴＶＣＭも、ＷＥＢページも、価格戦術も、流通戦術も、HOWです。HOWは消費者と売り手の最前線であることが多いのでブランド・エクイティーになりやすいのです。HOWをちゃんと作らなければ、あなたのブランドが消費者の頭の中でイメージ通りにでき上がることは永遠にありません。

マーケティング・ミックス（4P）

最も一般的にHOWを整理したものとして参照されている「マーケティング・ミックス」で理解していきましょう。これはHOWの主な領域を4つにまとめ、それぞれの頭文字をとって「4P」と呼ばれています。製品をどうやってつくるか（Product）、価格をどう設定するのか（Price）、流通をどう設定していくのか（Place）、どうやって顧客に販売促進をするのか（Promotion）の4領域についてです。

Product（製品）：**Product領域の目的は、顧客に提供するモノ（製品）を決めること**です。モノを決めるのはHOWの1つ、重要なマーケターの仕事なのです。多くの技術志向の会社ではマーケティングが十分に機能しておらず、WHAT（ベネフィット）をどのような製品システムで提供して満たすのかというProductの決定をマーケティングが担わないケースが多いようです。

マーケティング主導の会社では、WHATが何であるか、そのWHATを効果的に満たすプロダクトのスペックの留意点は何かを、消費者理解に基づいてマーケティングが決定し、研究開発（R&D）を担う技術陣に発注します。主なスペック、ネーミング、形状や形体、サイジ

マーケティングミックス―4P

	製品 Product	価格 Price	流通 Place	プロモーション Promotion
目的	顧客に提供するモノを決める	ポジションに適した価格を決める	効率的・効果的な顧客へのアクセス方法を決める	効率的・効果的な顧客への情報提供方法を決める
アプローチ	商品のスペックを決める ・形状、形体 ・ネーミング ・包装（パッケージング） ・セット／パッケージ販売	価格戦略の決定 ・需要に応じた設定 ・コストに応じた設定 ・競合他社との関係 ・価格弾性	流通経路の設計 ・卸売業＆小売業 ・販売会社＆小売業 ・小売店のみ ・ダイレクトマーケティング	ターゲット設定 コミュニケーション目標設定 プロモーション手段の選定 ・広告 ・販売促進 ・人的販売 ・パブリシティ

ング（大きさや分量）、パッケージなど、消費者ができるだけ効果的にWHATを実感できる仕掛けを要求することになります。

Price（価格）：Price領域の目的は、**自ブランドが目指すポジションに適した価格を決めることとその実現**です。ここで考慮すべきことは少なくありません。まず消費者の需要に応じた設定を行わねばなりませんし、コストに応じた設定もできていなくてはなりません。競合他社との関係において相対的な価格の是非や、価格プロモーションに際してはその価格弾力性による効果も考慮に入れなくてはなりません。消費者に直接販売しない卸や小売などの流通を間にかませるのであれば、更に流通マージンを考慮に入れて間接的に市場価格を望む方向に導く必要があり、それは必ずしも思い通りになるものではありません。

Place（流通）：Place 領域の目的は、効率的かつ効果的な顧客への販売アクセス方法を決めることです。マーケターの重要な仕事の1つですが、自社商品が消費者に届くまでの流通経路を設計するのです。一口に流通経路と言っても様々な形態があります。代表的なものは、卸売業と小売業を活用するやり方です。流通在庫のリスクを回避しやすい形態として多くのB to C企業が選択しています。ほかに、卸を通さずに自社が販売会社までやり小売業を活用するやり方、小売業のみを活用するやり方、はたまた消費者に直販するやり方もあります。市場において店頭をできるだけ広くカバーしたいという配荷率の観点と、流通マージンや様々なコストをできるだけ低く抑えたいという流通コストの観点を、どう総合的に選択していくのかです。

Promotion（販促）：Promotion 領域の目的は、効率的かつ効果的な顧客への情報伝達方法を決めて実現することです。明確化したターゲット（ＷＨＯの戦略ターゲットとコアターゲット）に対し、効率的かつ効果的にリーチする媒体（メディア）の選択とその運用方法を考えていきます。広告はどのように行うのか？　販売促進に特別なプランやキャンペーンをやるべきか、やるなら具体的に何をするのか？　パブリシティ（ＰＲ）はどのように行うのか？　それらの認知形成と購買意欲醸成にまつわるコミュニケーションを統合して戦術化していくのがこの領域の仕事です。ＨＯＷでは、最終的にマーケターはコミュニケーションにまつわる製作物を大量に作っていくことになります。例えばＴＶＣＭの開発。こういうわかりやすくて楽しそうな仕事ばかりがマーケターの仕事だと思われがちですが、実際は全体業務の数％程度の仕事です。

HOWができてこそマーケター

HOWは大切です。HOWを作ることにイマイチ熱が入りきらなかった頃の私は、そのせいで十分に結果が出せませんでした。HOWの業務は作業量も多いのです。「ちょっと邪魔くさいな」と心のどこかで私は思っていたかもしれません。パッケージや平面広告等のグラフィックの「アートな分野」が、頭の中が四角い数学ロボットだった私には苦手意識があったのかもしれません。消費者感覚からどうしてもズレてしまうセンスのない自分を直視したくなかったのかもしれません。しかしマーケターである以上、HOWからは絶対に逃れられません。目を背けた分だけ必ず結果で泣かされることになるからです。

痛い思いを何度も実戦で味わった私は、ついに決心してHOWのエクセレンスに向き合うことにしました。その際に最も重要だと実感したのは、HOWというよりもWHOの理解なのです。消費者を深く理解することは、私のようにセンスがポンコツな人間でもHOWをちゃんとできるようになるための一番の近道でした。ここで獲得した真理は、自分のセンスで判断するのではなく、深く理解した消費者の視点からHOWを判断すれば良いということです。そんな当たり前のことが感覚的にわかるまでに私は何年も費やしてしまいました。

しかしそこから私の猛反撃が始まったのです。あれだけ苦手だったHOWが人並み以上にどんどんできるようになっていきました。

具体的に私がやったことは何か？　徹底的に消費者を理解するために自分の相当な時間をつぎ込むことにしたのです。ヘアケア時代は髪の毛を金髪にしたり赤いモヒカンにしてみたり。USJに来てからは、モンスターハンターを999時間プレイしたり、ドラゴンクエストXを

5000時間プレイしたり、とにかく何でも自分でやってみて消費者視点を理解することを最優先しています。ただ遊んでいるようにしか見えないかもしれませんが、強いブランドをUSJに導入し、成功させるには、ファン心理の理解が不可欠なのです。それがないと強いWHATを思いつけないですし、強いHOWもわからないのです。

このような傾向がある人はHOWに気をつけてください。ビジネスモデルや戦略を考えたり、抽象思考が大好きな人。邪魔くさいことや作業が無性に嫌いで、できれば部下や他部署に振ってしまいたいと思いがちな人。そういう人は、特に注意してHOWをきっちりコントロールできるように心がけてください。人に任せることと放置することは違うのです。HOWを部下に任せることは良いのですが、部下が何をやっているのかは常に視界に入っていなければなりません。

また、HOWだけを部下に任せても部下は育ちません。部下に仕事を任せるときはちゃんとプロジェクト単位で任せて、目的からWHOとWHATをHOWとセットで考えさせることです。そうでなければ部下はいつまでもHOWの特定分野しか考えられませんし、下手をすると作業することのみに喜びを感じてしまって、成長が止まってしまうことになります。

HOWの詰めが甘いと真のマーケターにはなれません。HOWを徹底的に詰めないと結果が出ないことに早く気がついて、HOWへの執着心を忘れないでください。

WHO・WHAT・HOWが全てうまくいくとビジネスは爆発する！

WHO、WHAT、HOW……。これら1つ1つを全て上手に組み合わせると、市場にとてつもない変化が生まれ、爆発的なビジネスの成功が生まれます。その圧倒的な事例として、USJが5年前から仕掛けている「ハロウィーン・イベント」を紹介します。

ハロウィーンはここ数年で日本全国に火がついて、バレンタインをも超える新しい日本のイベントとして急成長を遂げています。しかし私がUSJに入社した2010年頃のハロウィーンは、TDRやUSJなどのテーマパークが秋のイベントの名前として使っている程度で、ほんの一部の人間しか積極的に関わっていない地味なものでした。日本での市民権はないに等しかったのです。

当時のUSJは、ハロウィーン・イベントとして昼間のパレードを実施していましたが、そのコンセプトはハロウィーンとは関係のない南米《なんべい》のカーニバルでした。しかもそのハロウィーン・パレードによる集客効果では、パレードのコストも賄いきれない赤字状態が続いていました。ただし、10月の集客数そのものは、気候のよい秋の行楽シーズンであることから、12ヶ月の中でも最も高い月だったのです。つまり、ハロウィーン・パレードは集客増に貢献していないけれど、10月そのものは他の月に比べてずっと集客が多い状態だったのです。

新しい試みを仕掛けたのは翌2011年のハロウィーンからでした。この年はUSJの10周年に当たり、集客プラス8％増という高い期待が課されていましたが、設備投資に回せる予算はほぼない厳しい1年でした。2012年にオープン予定だった新ファミリーエリア（ユニバーサル・ワンダーランド）の建設と、2014年に開業することを目指していたハリー・ポッターの新エリアの建設に、ほぼ全ての資金を集中していたのです。2011年と2013年は、ほとんど設備投資予算が無い状況で生き延びなければならない年でした。極端な選択と集中を中期戦略の中心に据えていたからです。

2011年は開園10周年にもかかわらず、設備投資費を使わずに劇的に集客を伸ばすアイデアが求められていました。そこで私が着眼したのは、ハロウィーンでした。

なぜか？　数学を用いた徹底的な戦況分析の結果、年間で既に最大の集客月であった10月とその前後の9月・11月が、USJにとって最も伸びしろが大きい未開拓のシーズンであることがわかったからです。この時、私が用いた計算手法は確率統計理論を用いた「ガンマ・ポアソン・リーセンシー・モデル」と言います（詳細なノウハウは後日出版予定の『確率思考の戦略論（仮題）』を御参照下さい）。このモデルを簡単に説明すると、リーセンシー（recency：最近いつその商品を買ったのかという時期）の消費者データがあれば、消費者の購入頻度(frequency)だけでなく、1月から12月までの全ての月の市場の大きさを正確に計算で導き出すことができるのです。「最近いつテーマパークに行きましたか？」という質問1つをするだけで、実に貴重な多くの情報が手に入ります。それは、年間を通した月ごとの戦い方の詳細な戦場の地形を写した地図そのものなのです。

そのようにして私は、最大の集客月である10月が、実は最大の伸びしろを持っていることを誰よりも早く正確に知ることができました。それこそが戦況分析による最高レベルの情報資源の獲得なのです。数学が使えないマーケターであれば、集客数が少ない時期にこそもっと伸びしろがあると考えて、1～2月や5～6月などの閑散期を何とかしようとするところです。しかし、私は自然の地形に逆らって相撲をとるのは避けることにしています。自然の地形はできるだけ利用した方が良いのです。より伸びしろがある場所を計算で導き出して、そこを集中的に攻めた方が、会社を勝たせる確率は明らかに高くなるのです。

そういう訳で、9〜11月のハロウィーン・シーズンに革新を起こす「ブレイク・スルー」な集客施策の打ち込みを決心したのです。「どう戦うかの前に、どこで戦うかを正しく見極めること」。**それが会社を勝たせる軍師であるマーケターの最初にして最重要な仕事であると私は常々考えています。**

ここからは目的の設定です。目的は高すぎず、低すぎず設定すべし。2010年のハロウィーン・イベント（昼間のカーニバル・パレード等）による追加集客効果（ハロウィーンが無ければ失ってしまう集客数）が約7万人であったため、その倍の14万人もの追加集客達成を目的に掲げました。プラス7万人くらいは10周年の成功のために稼いでおきたいという願望と、倍増という挑戦の高さのバランスでそう決めました。

問題は、ハロウィーンに何をするにしても、追加の設備投資費は全く使えないという事情でした。金もないのに倍増なんて簡単ではありません。セオリーどおり低すぎず高すぎずのギリギリを衝いたつもりです。

次にプラス14万人を達成するためのWHOの選定を行いました。戦略ターゲットは従来から変える必要はありません。テーマパークが嫌いでない人ならば、我々の戦略ターゲットです。頭を少々使ったのはコアターゲットです。この秋のシーズンに動きやすい顧客層を分析しました。9月から10月にかけては試験が終わる大学生が増えます。加えて、若い女性を中心に異様にレジャー需要が高まることを発見しました。その結果、若い女性の誘客に焦点を置くべきだと判断し、独身女性層をコアターゲットとしたのです。

そこからはこの若い女性達の消費者理解に没入するのみです。強いWHATもHOWも深い消費者理解なしにはあり得ませんから、消費者理解への初期投資は重要です。定量的なデータを緻密《ちみつ》に分析するだけでなく、若い人がハロウィーンに何を期待しているかという質的調査を重ねました。ハロウィーンそのもの以上に彼女達の関心事や抱えているストレス要因や悩みなどを深く聞きだして理解し、人として総合的にコアターゲットの内面を把握することに努めたのです。

すると、非常に強い消費者インサイトを発見しました。それはアメリカ在住時代の私が米国女性達を消費者として研究していた知識と、あまりにも対照的だったことから洞察できました。もし日本女性の消費者知識しか無ければ、このインサイトに気がつくことは難しかったと思います。

日本の女性は（例えば米国の女性に比べて）、ずっとストレスが溜《た》まりやすい社会環境に置かれているのに、安心してストレスを発散できる手段に恵まれていないという事情の発見です。そこから導き出された消費者インサイトは「本当は素の自分をさらけ出して弾《はじ》けたいけど、なかなかできない」というものです。

日本の男性も実はそうなのですが、日本の女性は特に感情を抑制することを期待されていま す。米国や韓国の女性と比べるとそれは明らかです。ストレスが溜まらないならばそれでもいいのかもしれませんが、若い女性の就労率は高く、家事負担に関しても8割を女性が負担しているのは先進国では日本ぐらい。日本女性はストレスを溜めやすい環境にいるのです。日本社会は男性のレジャー（あんなことやこんなことです！）に比べて、社会進出が始まってまだ間がない女性が自分をさらけ出してストレスを発散できる場所が非常に少ないのです。

そこまでわかったことが、WHATを強力に設定する原動力になりました。ターゲットの若い女性に対して提供する根源的な価値は何であるべきか？　いろいろ思案した結果、**「思い切り叫んでストレス発散できる！」というWHAT**で勝負しようと決めました。社会的かつ文化的に周囲に気を遣ってばかりいる彼女達が、素の自分をさらけ出して、思い切り叫んだり、大声で笑ったり泣いたりできる場所。その場所では、感情をむき出しにすることが、「イタイ子やわ」とは決して見られない、むしろ叫ぶことが自然で、誰にも非難されない。そういうハロウィーン・イベントを提供できたら、その価値が高いことは確信できていました。消費者理解に時間と精神力を費やしていましたから、どの価値を提供すれば彼女達が喜んでくれるかはわかっていたのです。

そしてようやく、HOWを考え始めるのです。何度も言ってきましたが、WHOの設定やWHATの決定が秀逸であったとしても、HOWが弱ければ目的は達成できません。HOWは、WHOにWHATを届ける仕組みそのもの、大切な戦術だからです。私は「思い切り叫んでストレスを発散できる！」という体験価値を、若い女性を中心にデリバーするHOWの仕掛けとして、どのようなイベント内容にするのか、まずは4Pの筆頭であるプロダクトから考え始めました。

このときのヒントになったのも、私の米国滞在時に家族で体験していた本場アメリカのハロウィーン体験です。仮装した子供が近所を練り歩いて「トリック・オア・トリート！」と言いながらお菓子を集めるアレです。本場のハロウィーンでは、仮装も含めて、ダークな内面を無礼講で表に出しても良い1日ということになっています。ガイコツや魔女や悪魔やゾンビなどの格好をした多くの人が屋外を練り歩くことになります。

本場のハロウィーンを家族で楽しんだ記憶があった私は「日本女性も無礼講でダークなものを楽しんでも良い企画にすればどうだろう？」と考えたのです。思い切り叫びたいわけですから、ダークなものを見て驚いて叫んでもらいましょうと。テーマパークを、年間で唯一、ダークなコンテンツを表に出して集客するシーズンに変えてみようと。そうすれば、他のシーズンとは大きく差別化されたユニークなシーズンになり、ハロウィーン・シーズンの集客効果は大きく伸びるに違いないという仮説を立ててみたのです。

それが「ハロウィーン・ホラー・ナイト」というプロダクトのコンセプトが生まれた経緯です。とはいえ予算はほとんどありません。だから社内に使えるリソースはないかと血眼になって探したのです。すると見つかりました！　一部のマニア向けにやっていたゾンビの小さなイベントの映像記録を見て、ゾンビのメイクと演技のクオリティーの高さに衝撃を受けました。

そしてひらめいたのです。

「このゾンビを何百人と雇って、パーク中に解き放とう！　夜になればパーク全体がゾンビがうじゃうじゃ練り歩くホラー映画の舞台のようになる。そこに全てのゲストが巻き込まれるようにすれば良い」と。ゾンビはいくら雇っても設備投資費はかかりません。「人（ゾンビ）」こそ最強のアトラクションだと思いました。

このＷＨＯ・ＷＨＡＴ・ＨＯＷの組み合わせを需要予測にかけて、目的の14万人を大きく超える物凄《ものすご》い集客効果があることを確認しました。これでようやくロックオンです。

あとはPriceやPromotionをきちんとセットするのみです。価格に関しては、ホラー・ナイトを更に課金して有料にするべきだという意見もあったのですが、それはやめました。今後数年かけてハロウィーン・ホラー・ナイトを育てるためには、初年度は1人でも多くの消費者のトライアルを獲得すべきでしたし、需要予測が間違いでないのであれば課金しなくても十分に会社の収益を爆発させることができるという自信もあったからです。

Promotionに関しては、当時女性の中で高感度№1タレントであったベッキーさんを起用し、怖すぎるだけのハードコアなイベントではなくて「怖いけど面白い、楽しい！」という間口の広いＷＨＡＴに集中してＴＶＣＭを開発しました。広告代理店の尋常でない頑張りもあり、このＴＶＣＭは本当によくできていたと思います。そのＣＭを関西地区中心にオンエアして、狙ったレベルまで急速に消費者認知を上げていったのです。

そして運命のハロウィーン・ホラー・ナイト実施の本番、２０１１年9月23日。大阪市此花《このはな》区のユニバーサル・スタジオ・ジャパンは大変なことになっていました。私はその朝、電車で通勤したのですが、大阪《おおさか》駅から人が一杯で、ゆめ咲《さき》線になかなか乗れず、ようやく乗ったら乗ったで鮨詰《すしづ》め状態。そして今度は、ユニバーサルシティ駅で降りようにもプラットホームが満杯で、なかなか下車できない！　やっとの思いで下車して人ごみに押されながら改札を抜け、パークの方角を一望すると、とてつもない光景が!!

人が何重にも重なった列が巨大な蛇のようにトグロを巻いて、ぐるぐるとパークの入場ゲートまで伸びているのです。そんなことが初めてだった私は、思わず「間違って舞浜《まいはま》に来ちゃったかな」と呟《つぶや》いたくらいです（笑）。強気の数字を入れていた需要予測の更に倍以上の集客でした。


２０１１年のハロウィーン・シーズンは、目的のプラス14万人の追加集客効果を軽くブチ抜き、実にプラス40万人以上をわずか約２ヶ月の間に達成してしまいました。世界最高アトラクションのスパイダーマンをオープンしたときの年間集客効果と同じくらいの人数を、わずか６分の１の時間で達成してしまったのです。これはパーク始まって以来の驚くべき成果でした。しかもスパイダーマンには１４０億円もの設備投資が必要でしたが、このハロウィーン・ホラー・ナイトには一切の設備投資費がかかっていないのです。必ずしもハードやお金に頼らなくても、人間の知恵だけで場外ホームランを打つことは可能なのです。

ハロウィーン・ホラー・ナイトを目玉にしたＵＳＪのハロウィーン・シーズンは、その後も毎年大きな成長を重ねて、ついに２０１５年10月には、あのＴＤＬをも超える１７５万人の日本一の集客をもたらした原動力となっています。

なぜこの10月だけはＴＤＬにも勝てたのかといえば、我々は５年前から10月の潜在的な大きさに着眼し、ハロウィーンに経営資源を計画的に集中してきたからです。今やハロウィーンは全国的にブレイクし、ますますこの9〜11月のシーズンの需要は高まっています。その動きは、早くからハロウィーンに着眼して強力なブランドを作ってきたＵＳＪへの更なる追い風となっていくでしょう。

このように、マーケティングは消費者の購買行動を決定的に変える力を持っています。**それぞれ正しいWHOとWHATとHOWが噛《か》み合ったとき、凄《すさ》まじい爆発力を発揮します。**日本の文化を変えてしまうくらいのインパクトを与えることも可能なのです。そのために最も私が重視しているのは、戦況分析を徹底的に行うことと、消費者理解に徹底的に自分の時間を投資することです。それができれば高確率でビジネスを成功させることができるのです。

第5章のまとめ

マーケティング・フレームワークを学ぼう

1. マーケティング・フレームワークとは、必ず「戦況分析⇒目的⇒WHO⇒WHAT⇒HOW」の順番で考えていく「型」のこと。

2. 戦況分析で市場構造を理解してそれを味方につける。代表的な5C分析とは、Company（自社）、Consumer（消費者）、Customer（中間顧客）、Competitor（競合）、Community（ビジネス環境）の5つの理解。

3. 目的設定は不可能ではない実現性あるギリギリの高さを狙う。シンプルであることが重要で魅力的であれば理想的。

4. WHOとは、経営資源を投下する目標（ターゲット）である消費者。おおきなくくりを「戦略ターゲット」、特に集中投資するくくりを「コアターゲット」と呼ぶ。

5. ターゲットの設定は、目的に対して小さすぎないようにする。

6. 「消費者インサイト」とは、消費者の深層心理に隠された真実のこと。それを指摘することで消費者の認識や感情を大きく動かし、購買意欲を掻き立てることができる。

7. WHATとは、ブランド・エクイティーの中で消費者がブランドを買う根源的な理由、ベネフィット（商品便益）のこと。

8. ポジショニングとは、消費者の頭の中でのブランドの相対的な位置づけのこと。自社ブランドのエクイティーを動かすことで相手を動かすことができるし、逆もありえる。

9. HOWとは、WHATをWHOに届ける仕掛けのこと。主にProduct（製品）、Price（価格）、Place（流通・配荷）、Promotion（販売促進）の4つがあり、4Pと呼ばれる。

10. WHO、WHAT、HOWがうまく揃えばビジネスは爆発する。

第6章

マーケティングが日本を救う！

日本って素晴らしい

日本は奇跡のような国です。知らない人同士でもお互いを信じることが前提になっている奇跡のような国。これだけ大きな国でありながら、あり得ない治安の良さ。外で子供を1人で遊ばせたり、塾から遅い時間に子供が毎日無事に帰ってこられたり、子供達だけでUSJに行かせたり、そんなことができるのも日本ぐらいです。田舎にいけば無人の野菜販売所が多くありますし、都会にも自動販売機がいたるところにあります。落とした財布も無傷で帰ってくる社会です。神戸《こうべ》大学の学生だった時には、阪神淡路《はんしんあわじ》大震災のような緊急事態でさえ、棚から物品が散乱して無人になった店舗に人々が列を作って並び、自分達の手計算でちゃんとお金を置いていく様子もこの目で見ました。

お互いを信頼して思いやり、道徳律が世界で最も高い社会、日本は奇跡のような「高信頼社会」なのです。この奇跡の高信頼社会はなぜ存在できているのか？　私は2つの重要な柱が支えていると考えています。どちらが大きく弱ってしまっても高信頼社会は崩れてしまうと思います。

1つは日本人が伝統的に培ってきた「お互いに分かち合う」価値観。全ての富は神が自分に与えてくれたものだと本気で思える海外の人々とは、日本人は根本の価値観が違うのです。日本人の多くは自分1人が勝つと「罪悪感」を感じるのです。皆で力を合わせて農作物を作ってきた日本人は、ゼロから皆で作ったものを皆で分かち合うのです。コミュニティーに突出した金持ちを1人作ることよりも、1人の餓死者も出さずに皆で力を合わせて社会を成立させる、それが日本人だと思います。

しかしすでに我々日本人は、富を一人占めにしても全く罪悪感を覚えない人達と激しく競争していかねばならない世界に生きています。そのことは自覚しておくべきです。

もう1つの柱は、**日本が豊かであること**です。日本は、こんなに狭い島の国土になぜか世界でも有数の人口（ドイツの1・5倍、フランスとイギリスを合わせたほど）を食べさせてきました。歴史的に見ても、これほど洗練された独自文化を発展させてきたということは、日本が昔から豊かだった証拠です。

近年アジア諸国の経済発展が目覚ましいですが、欧米のような先進国の暮らしを国民の大多数ができている国は、アジアでは日本だけなのです。**国民の大多数が豊かで清潔で便利な生活をしているのは、今でもアジアでは日本だけです**。貧富の格差拡大とか中間層崩壊とか近年言われていますが、それでも貧困により餓死する人は滅多にいません。福祉や年金問題など不安な課題もたくさんありますが、国民のほとんどが病気になったら病院に行ける国は極めて珍しいのです。スキーに行ったら山小屋のトイレにまでウォッシュレットがあるほど投資が行き届いた社会は、アジアどころか世界でも日本くらいです。日本は世界で最も豊かな国です。だからこそ、お互いを信頼して分かち合う余裕が保てるのです。

日本にいる人の多くは日本の良さをあまりわかっていません。一度日本の外に住んでみてください。日本の素晴らしさがきっとわかるはずです。たまに海外旅行に行ったぐらいではわかりません。まとまった時間を暮らしてみるとわかります。この国に生まれただけで当たり前に享受できている教育や医療や治安や行き届いた社会インフラが、世界的に見れば全く当たり前ではないということが理解できます。この稀有《けう》な「高信頼社会」を支えていくための「豊かさ」を将来にわたって日本がどうやって確保していくのか？　それはビジネスに関わる全ての日本人が共有すべき課題です。

日本人の戦術的な強み

日本人は情緒的に傾いた国民性だと思います。日本人の「情緒的」である特徴が強みとして発揮されているのは、特に戦術的な局面です。現場での精神面を非常に重視します。現場の生産性（能力、規律、モラル）は抜群の強さを発揮します。

私は高校時代にアルバイトで、コンクリート資材を製造したり、道路工事や建物建築などの現場で肉体労働をしたことがあります。日雇いで労働者の一員として働いたのですが非常に驚いたことを覚えています。現場の全員の働きっぷりの素晴らしいこと！　皆一生懸命ですし、効率が良いですし、お互いに助け合って励まし合って団結していました。現場に良いものを作ろうとする空気が毎日充満していました。おかげで怠け者の私でも上手にサボることができませんでした（笑）。日本の製品やサービスの品質は、このようなハイレベルな現場に支えられているのだと、良い社会勉強になりました。

これが日本以外ならどうなるか？「一生懸命働け！」とか「ちゃんとやれ！」なんて怒鳴

らなくて良いのは実は日本くらいなのです。私はアメリカで働いたときに、人生で初めて部下に「一生懸命やれ！」と言いました。日本では言ったことのない言葉です。

米国では、こんなこともありました。自宅の階段から赤ん坊が落ちないように柵《さく》を作ってもらおうと大工を雇ったのですが、どいつもこいつも休憩時間ばかり長くて腕は最悪でした。中には、長いドリルネジを直接階段の手すりに打ち込んで、何本ものネジ頭が5～6センチも飛び出した針山をこさえた大工もいました。

「これじゃ赤ん坊が階段から落ちて死ぬ前に、家族全員がネジ頭で足をザックリ切って死んでまうやろ、アホか！」と、思わず大阪弁でクレームしたことを覚えています（笑）。

米国は下から上までお金次第で何とでもなる社会ですから、それなりに高いお金を払えば大工に限らず腕の良い職人は雇えます。しかし、**たいていの場合は「並レベル」の最低度合いがトンデモなく最低**なんです。向こうで生活をしながら、私は「何をやるにしてもアメリカは真ん中のレベルが低すぎる！」と思っていました。でも本当は違うのです。真実は日本の真ん中のレベルが世界水準よりも高すぎるのです。アメリカはまだマシな方なのです。

インドネシアに住んでいる知人は着工開始から10年以上経ってもまだ完成しない家に住んでいます。中国に住んでいた知人は自宅の地下の配管工事で水道管を破裂させられ、水浸しにされた挙句に金属製の備品がきれいになくなっていたそうです。文化の差と言ってしまえばそれまでですが、**高い就労モラル、現場の団結力、皆で力を合わせて良いものを作ることが大好き、そんな生産性の高さが社会の隅々まで行き届いている、こんな奇跡のような国は日本ぐらいです。**

米国在住時代に知り合った高齢の米軍退役将校から、このような話を聞いたことがあります。太平洋《たいへいよう》戦争の時、硫黄島《いおうとう》を含む戦場で旧日本軍と直接戦った経験のある彼は、「日本軍は本当に驚くほど強かったんだ。君達日本人はあの勇敢な先祖の戦いぶりを誇りに思わなくてはならない！」と私に力説してくれました。

「彼らはとてつもなく勇敢、そして我慢強くて献身的。自分達ならば恐怖で絶対にできないような軍事行動でもよく統率された動きでやってのける。どう考えてもとっくに兵站《へいたん》が切れて食っていないはずなのに士気が下がらない。いつまでも我慢強く戦って死を恐れない。圧倒的な物量と火力で押しているはずの我々が、実はずっと恐怖で押されていたんだ。彼らが我々の半分でも戦力を持っていたら米軍は絶対に勝てなかった」

日本の現場力の強さは、大戦中の様々な戦場においても多くの記録が残っています。シンガポール攻略作戦のように、どうして勝てたのかわからないような戦力差を勝っていることもよくあります。**精神力を土台にした日本人の強みは、旧日本軍の戦術的な強みとしても際立っていた**ようです。

私は趣味で「日本刀」を鑑賞します。私が日本刀を見て深く感動するのは、人を斬るという合理的な目的を徹底的に追求しながら、合理性を超越した「何か」を強く感じるからです。合理性の究極の姿としての機能美に徹底的にこだわり抜いた職人の「鬼気迫る魂」が、何百年もの時を隔てて尚、日本刀の周りの凜《りん》とした空気からビンビン伝わってくるのです。**日本刀は、合理性を突き抜けて美に昇華した鉄の芸術**です。武器として成立させるためだけであれば、日本人以外ならばもっとコスト効率を第一に考えて作るでしょう。合理性以上の精神性や美術性のこだわりをここまで練り込んだ刀剣文化。**モノにまで精神を込めようとするのは日本人くらいなのかもしれません。**

それはモノだけではないのです。多くの趣味や実用さえも「道」として精神性と合わせて究めていくことが日本人は大好きです。茶道、華道、書道など、あらゆるものを究めていく……。和食文化は、四季折々の食材をどうおいしく頂くかだけでなく、相手に対する「おもてなしの心」を追求したきめ細かな配慮と洗練、つまり料理に精神性を込めて発展させてきました。最近では日本のラーメン文化の発展を見て下さい。あれはもはや「ラーメン道」ではないでしょうか。

何でもこだわって究めていくのが大好き、モノだけではなくサービスでもあらゆる対象に気持ちを入れて究めていく……。あらゆるモノ作りや技術開発、あるいはサービスの現場で、日本刀やラーメンのようなことが日々起こっているはずです。このように情緒的な日本人の特徴は、あらゆる分野において戦術レベルでの卓越した強みを支える屋台骨になっていると思います。

合理的に準備して、精神的に戦う

この奇跡のような日本を次の世代に残していくために、日本は豊かであり続けなければなりません。そのためにどうするか？　私は、**日本の「卓越した戦術的な強み」を活《い》かせるように、**

個人や企業がもっと合理的に準備するクセをつけることだと思っています。つまり戦略性を磨くことだと思うのです。

情緒的で精神主義を重視する日本社会の特徴は、日本の戦術面の強さに繋《つな》がっています。その強みはこれからも大切にしなくてはいけません。しかし、その強い戦術に至るまでの戦略レベルの意思決定においては、情緒が入りすぎていて合理性を追求する姿勢が足りないように思うのです。多くの日本企業の重要な意思決定のプロセスで見受けられる「その場の空気感」や「あうんの呼吸」……。それらを見ると合理的に行うべき意思決定にまで情緒が入り込んでいる傾向を強く感じます。

英語ではMind（理性的意識）とHeart（情緒的意識）は区別して使うのですが、日本語ではそれをうまく分けるシンプルな単語が見つかりません。敢《あ》えて言えば「理性」と「感情」でしょうが、多くの日本人の中ではMindとHeartは、「心《こころ》」という言葉で一体化されていると思います。その特徴は文脈（環境）次第で強みにも弱みにも変わります。情緒的に戦えることで戦術は強いのですが、情緒が入り込むことで逆に戦略が弱いのが日本人の特徴だと思います。

日本人は情緒的意思決定をしがちです。理性と感情が一体になってしまっていて、合理的に正しい判断を冷徹に下すのが苦手な場合が多いようです。皆で力を合わせて全員がハッピーでなくてはならない農村社会の伝統でしょうか。それが全体にとっては正しいことでも、誰かを生かして別の誰かを殺すようなことをやるのが苦手なのです。突き詰めて合理性を分析し、検証する客観的な姿勢よりも、周囲への配慮とか属人的な繋がりとか全体の和が重視されます。

そういう文化では「戦略」が馴染《なじ》みにくいのもよくわかります。しかし戦略とは「選ぶこと」なのです。

大手日本企業で働く関係者達が異口同音に言っていますが、会社の重要な意思決定に関して、誰がどこで決めているのかよくわからないそうです。社長や会長が決めているのではないの？と突っ込むと、最終的にはトップが承認した形は取るけれども、実際には幹部やその下だけでなく横も含めたコンセンサスを整えた後の稟議《りんぎ》をトップが追認するケースが多いとのこと。

つまり社内関係者全体がそれなりに納得できるプランを根回しして作ってから、それを上に持っていくのだと。会議でも活発な議論や討論などはなくて「なんとなく決まった」ことになるそうです。誰が決めているかよくわからない、どこで決まっているのかよくわからないプロセス。それは「意思決定システム」と明確に意識できるものではないようです。そういう組織では、トップのところに来た段階ですでに「カレーすき焼き」である可能性が高く、トップも無意識のうちに「カレーかすき焼きのどちらかの選択」ではなく、「カレーすき焼きをやるかやらないか」の意思決定しかしていないことが多いのではないでしょうか？

日本人は、個人としても組織としても、戦略のオプションを突き詰めて考えて「合理的に選ぶ」という習慣が乏しい。**日本の組織の多くは、戦略を間違えるというよりもむしろ「戦略がない」ことが多いのです。**内需も世界経済も右肩上がりだった「作れば売れる時代」には戦略がなくても何とかなったでしょうが、質的な成長（つまり激しいシェア競争）を余儀なくされる時代では、生き残るために戦略を練りに練らねばなりません。

組織が生き残るためには絶え間ない自己破壊と自己変革が必要ですが、情緒が入り込む意思決定では、大きな変化を伴う戦略のボタンはなかなか押せないはずです。日本人は、絶望的状況や外圧でもない限り、自分達で大きな変化を起こすのが苦手なのではないでしょうか？

以前よりも格段に世界が繋がっている今の時代、そしてもっと繋がるであろうこれからの時代、日本は自由主義経済のもっと激しい競争にさらされることでしょう。自分1人が勝つことに迷いが一切無いアングロサクソンやユダヤや大陸系の経済圏の人々に伍《ご》してやっていかなくてはいけません。戦略性が弱いままであれば、どうやって今までのような富を獲得できるでしょうか？　豊かでなくなったらどうやって今の高信頼社会を維持していけるでしょうか？　我々の子や孫の代の日本はどうなっていくでしょうか？　私はとても不安です。

合理的に準備してから、精神的に戦えないものでしょうか？　日本の戦術面の強みをもっと活かしましょう。戦略を改善することで、日本の戦術的強みはもっと輝くようになると思うのです。卓越した技術力も、極めて生産性が高い現場力も、もっと強い武器になるはずです。別に美しくて素晴らしい戦略ばかりバンバン作れるようにならなくても良いのです。戦術に大きな強みを持っている日本は、そこそこＯＫな戦略さえあれば勝てるケースが多いからです。

戦略段階では極力「情緒」を排除することです。強い戦略オプションを必ず複数構築するための科学的な情報分析をおろそかにせず、理性と感情を区別して議論することもおろそかにせず、合理主義に根ざした冷徹な「選択」をおろそかにしないことです。

現場が強いのでたいていのことは何とかなってしまう、何とかなってしまうので戦略を突き詰めて考えない……。そのような自覚のあるトップの人は、ぜひともマインドセットを変えるところから始めてください。現場（戦術）が本当に強いのであればなおさらです。強い現場の力を爆発させるべき焦点、どこで戦うべきかを突き詰めて選ぶことを始めましょう。もっと合理的に準備することさえできたら、現場はより大きな成果を上げてくれるようになるでしょう。組織としての意思決定のシステムを変える取り組みが大事です。

また、会社とは「人」ですから、1人1人の意識が変わることが何よりも大事です。あなたが「合理的に準備してから、精神的に戦う」ことにコミットすることで、周辺の戦略性は必ず変わっていきます。戦略的思考は、トップだけのものではないのです。

マーケティングが日本を救う

未来の子供達に豊かな日本を遺《のこ》していくカギは「マーケティング」だと私は信じています。これからの日本にとって最も必要な合理性を埋めるものがマーケティングです。マーケティングは日本人に最も馴染みやすい「合理主義」だと私は考えています。なぜならば日本人のValue（価値観）にドンピシャだからです。マーケティングとは消費者価値を向上させるための科学、つまり人を幸せにするために徹底された科学なのです。

多くの人々を幸せにするために必死に頭を使うマーケティングは、1人だけ勝つことに喜びを感じる人々よりも、むしろ日本人の感性に馴染んでいると私は思います。ずっと昔から「お客様は神様」だと言っていた、誰かを幸せにするために力が湧いてくる日本人の価値観にはど真ん中で合致しています。

P&Gでも日本人マーケター達のスキルは、他国籍の同僚達に比べて明らかに秀でていたと私は思っています。今所属しているUSJの多くの同僚の働きをみていても「人を笑顔にすること」に対する純粋な情熱が、彼らの馬力の燃料になっていることは明らかです。

マーケティングでは、ブランドのことを「Lovemark」と言い表すことがあります。人々が愛する対象としての「ブランド」という考え方です。本当に強いブランドは人々に愛されるのです。そのブランドを想起した瞬間に心の中で巻き起こる感情が人々を幸せにするからです。Nikeのロゴを見るだけで、運動不足の私の心の中にさえ挑戦する人間の勇敢なスピリットが巻き起こります。Snow Peakのロゴを見れば家族と過ごした濃密な大自然での感動が、Lexusのロゴを見れば満ち足りた安心とラグジュアリーなドライビング感覚がよみがえるのです。

我々の心を動かすそれらの無数のブランドがなければ、もしマーケティングがないのであれば、この世界はなんて残酷に灰色で、つまらないものになってしまうでしょうか！

マーケティングをやっていると、もうギリギリのところで心が折れそうになることがよくあります。実際に折れてしまうこともあります。そんなときにどうしてもう一度立ち上がって頑張れるのか？　それは、これほど多くの人々の生活や幸福度をダイレクトに向上させられる仕事が他になかなかないからだと思います。自分のやる仕事が、人々の頭の中の価値軸を変えて、より多くの価値を生み出す、それが人々の購買行動を決定的に変える……。そのための装置としてのブランドをLovemarkへと育てていく……。その活動は、人々の心に彩りと刺激を与え、結果として人々を経済的にもずっと豊かにします。そうやって社会に前向きなインパクトを与えられる仕事はなかなかないのです。

そのやりがいこそが、折れた心を再びつなぎ合わせて前を向いて歩き続けるマーケターの原動力です。私がＵＳＪで多くの仲間達と一緒に、爪に火を灯《とも》し、塩を舐《な》めながら、ハリー・ポッターを実現させるための厳しい道を歩いてこられたのも、自分達のやろうとしていることが社会の大きな幸福に繋がると信じていたからです。

そしてマーケターとして何かをやり遂げたときの、全身の毛穴から興奮とエネルギーが針のように噴き出してくるあの達成感！ **自分が生まれてきた意味を実感できる瞬間がそこにはあります。マーケティングは人を幸せにすることで自分も幸せになれる科学なのです。**

マーケティングこそが未来の日本を救うでしょう。今後間違いなくマーケティングはますますその重要性を増していきます。この本を手にしてくれた読者の中から、マーケティングのやりがいとその存在意義に関心を持ち、マーケターを志してくれる人が生まれることを願っています。もちろんマーケティングを職能としなくても、マーケティング思考ができる人ならばその人を私はマーケターと呼びたいと思います。未来のマーケターの皆さん、一緒に日本をもっと豊かにしましょう！ いずれ私の世代が一線を退いたら、未来の日本をよろしくお願いします！ そしていつの日か、次の世代に培ってきたものを伝えることも忘れないでください。それが本書に込めた私の願いです。

第7章

私はどうやってマーケターになったのか？

会社と結婚してはいけない

私は、青年期からマーケターを戦略的に目指して準備し、その夢を実現しました……と書きたいところですが、実は全く違います。私がマーケターを志したのは就職活動の最中、しかもギリギリでの決断だったのです。

神戸大学経営学部の田村正紀《たむらまさのり》教授のゼミに在籍していたので、マーケティングについてはそれなりに頭に入れていました。しかしマーケティングを専門に生きていこうとは全く考えていなかったのです。希望する方向性としては2つを考えていました。1つは「経営者になる道」。もう1つは「得意な数学を活《い》かした何らかの道」、たとえば金融商品の開発であったり、相場のディーリングだったり。しかし会社であったり職種であったり、目指すものが明確ではなかったので、私の就職活動はずいぶんと迷走しました。

今から約20年前といえば、日本社会にまだ終身雇用制が色濃く残っていた時代です。日本の大手企業の大多数は「終身雇用制」を前提に会社説明をしていましたし、学生の方も長く1社を勤め上げることを前提に「安定した収入と雇用」を求める気運が強い時代でした。というのも、私が就職活動をした1995年は、バブル経済がとっくに崩壊して「就職氷河期」と言われていました。学生にとって厳しい買い手市場だったのです。

そんな時代に、なぜ私は直前まで考えてもいなかったマーケティングを職能として選び、しかも「P&G」のような終身雇用とは程遠い外資系に就職する決断をしたのか？

就職活動の際、私は業界を広く見てみました。金融、総合商社、メーカーなどの業界の有力企業をいくつも見て回りました。人事関係者や大学のOBから直接お話を聞くだけでなく、私らしく企業業績や主な戦略的要因などのデータを過去に遡《さかのぼ》って調べました。

私が知りたかったのは、その会社が行った学生向けの説明に大きな言行不一致がないかどうか。それよりも知りたかったのは、20代・30代という最も貴重な時期を費やすことで、その会社では何を学べてどんな経験を積めるのかということ。そんなことを必死に考えながら、未熟だった当時の知性なりに、以下の3つに気がついたのです。

・「職能」を選べない日本企業が多い。
・日本企業の多くは、能力を縦に伸ばさず、年功序列でキャリアの進度も遅い。
・間違いなく終身雇用制は崩壊するだろう。

当時、超優良企業と言われ、就職人気ランキング上位にあった多くの大企業を含む話です。たいていの企業では終身雇用制度を前提にした人事システムを採用していたので当然と言えば当然です。「会社がちゃんと定年まで面倒見るから、会社の求めるものに対して頑張って貢献してくれればいいし、じっくり時間をかけて成長していってくれたらいい」という考え方です。自分が営業に配置されるのか、経理なのか、マーケティングなのか、人事なのかという「職能」が選べないのです。もちろん会社ですから、会社の指示に沿って頑張ろうという気持ちも私にはありましたが「それにしても職能くらいは本人の希望が叶《かな》わないものなのか？」という疑問が頭をもたげてきたのです。私はものすごくヤバイ予感がしました。

このとき「これからの時代は、会社と結婚してはいけない」と気がついたのです。なぜなら、個人が会社と結婚したいと思っても、会社は個人と結婚することはできないからです。終身雇用制を前提にした人事システムに組み込まれた挙句に、キャリアの後半で会社を放り出されたらどうなるか？　当時すでに識者の幾人かが終身雇用崩壊について声高に警鐘を鳴らしていました。自分の頭で考えてみても、右肩上がりの成長が望めない時代に終身雇用を維持していく事は数学的に不可能という結論に至りました。

生き残るために企業は、年功序列も終身雇用も崩して人事コストの最適化をはかるに違いない、企業に必要なスキル（職能）のみに値札がつく時代がきっとやってくるはず……と。当時の私には、どのくらいのスピードで社会が変わるかはよくわからなかったのですが、それでも「私の何十年ものキャリアの最中に、ずっと終身雇用制や年功序列が主流ということはありえない」と思っていました。そう考えた私は「できるだけ早く需要の高いスキルを身につけることができる」という最大で唯一の条件をもとに会社を絞り込んでいきました。これからの時代に多くの企業が欲しがるスキルは何だろう？　と。大学でなんとなく学んでいたマーケティングもその候補として浮上してきたのです。

私は性格上「面接負け」はしないので、大手商社Mや大手銀行Sのように日本が誇る素晴らしい企業にいくつも内定を頂きました。しかし最後に内定が出た「P&Gマーケティング本部」と比べてみて、どちらの方が自分に早く実力をつける環境があるかを考え、最終的にはP&Gに入ることにしたのです。P&Gは職能別部門採用だったので、興味が湧かないスキル習得を強いられることはありません。また、20代から圧倒的な経験を積める環境があるということが、若い先輩社員達を何人も見て間違いないと思えました。何がなんでもマーケターになるために P&G の門を叩《たた》いたというよりも、自分が早く成長する環境を求めてマーケターになり、「いずれ経営者へ」というキャリアパターンを模索することにしたというのが真実です。

このとき、周囲は私の選択に驚きました。正直なところネガティブな意見が多かったです。「安定」が多くの人にとって最上位の価値観だった時代です。販売しているブランド名をいくつか言えばわかってもらえますが、会社名自体はなじみが薄く、「プロクター・アンド・ギャンブル？　ギャンブルって賭博《とばく》の会社？」と(笑)。

特に親は「大手商社M」に入って欲しかったようです。国益に適《かな》うし、年収や待遇も素晴らしいし、親戚《しんせき》一同にも鼻が高いし、親の世代からは私の未来が輝いて見えたのでしょう。最終的には私の判断を尊重してくれましたが、「Mの内定をもらっているのに？」という気持ちがあったのもわからなくはないです。

しかもこのM社は、エース部隊の水産部に私を入れてマグロのディーリングをやらせるとまで言ってくださった。私は得意の数学を活かせると思って深刻に何日も何日も悩みました。今でもよく覚えています。私はM社の面接で「私は魚が大好き、魚のことは何でも知っています！　太平洋のサバと日本海のサバも確実に見分けます！　中でもマグロは特別に愛しています！　どれだけ働いても、たとえ冷凍倉庫でマグロを抱えて寝るような毎日でも、幸福感に満ち満ちて疲れないので死にません。ぜひ御社の水産部で私を使ってください！　私にマグロを抱かせてください！　マグロへの愛と数学の力で皆様を必ず驚かせてみせます！」と真顔でほざいたのです（笑）。

私の魚愛は本当ですが、この面接ではもちろん誇張しています。

M社は懐が深い会社でした。最終面接で本当にサバを2匹並べられて焦っている私を大人の笑いで包んでくださり、情熱溢《あふ》れる激励とともに内定をくださった上に、総合商社ではなかなかない水産部への推薦まで約束してくださいました。お会いした皆様の品格と思いやりある人柄は今でも印象強く残っています。

P&Gに行くことを決めて内定辞退を伝えに行ったときは、本当に足が重く辛《つら》かったです。帰り道はただ泣けて泣けて仕方ありませんでした。今でも私は「あの時、M社で頑張っていたらどうなっていたのかな？」と考えることがあります。あの素晴らしい先輩たちと仕事をしたら、別の面白いキャリアと人生がきっとあっただろうと思うのです。「敏腕マグロディーラー！」とか言われてNHKのドキュメンタリーに出演する運命には間違ってもならなかったと思いますが、それでもその仕事にきっと情熱を持ってやっていただろうと思っています。キャリアにおける正解は1つではないはずですから。

当時の私は、悩みつつも「自身の成長速度」を最優先してマーケターになる決断をしました。周囲が何と言おうと、私はいつも「花よりも実をとる」ことにしています。成長するためには、怠け者の自分でも生き残るために絶対に怠けられない場所が必要でした。強火で追い詰められる場所が必要でした。だから「自分はやっていけるかな？　ここはちょっとヤバイかもしれない」と不安に思ったその会社に惹《ひ》かれたのだと思います。それが当時160年間続いていた世界最高峰のマーケティング・カンパニー「P&G」。選択肢の中で一番厳しそうに見えた道へ、私は敢《あ》えて飛び込んだのです。

「実戦経験」の積み重ねでしかマーケターは育たない

入ってみるとP&Gは想像した以上に厳しい会社でした。しかし早く成長したい私にとっては最高の環境だったと思います。もし今タイムマシンに乗って悩んでいる就活当時の自分にアドバイスできるとしたら、私は間違いなく「P&Gに入れ！」と言ってやります。結果として、キャリアのスタートにこの会社を選べたことは、最良の決断であったと確信しています。もちろん私にとって最高であったというだけで、他の人にとってはどうだかはわかりません。自分の子供にP&Gを勧めるかどうかも悩むところです（笑）。あれから20年経って、P&Gの組織構造も変わったようですので。

当時の私にとってP&Gが素晴らしかった最大の理由は、幅広い実戦経験が凄《すさ》まじく積めたことです。実戦経験を積み重ねないとマーケターは育たないと私は考えています。マーケティング理論は非常に重要ですが、修羅場をいくつもくぐり抜けないとコンスタントに結果が出せるマーケターにはならないのです。

なぜかわかるでしょうか？　結果責任を負うプレッシャーが凄まじいからです。練習でできたことが本番でできるとは限りません。練習と本番ではプレッシャーが全く違うからです。床上50センチのところにある幅10センチ長さ10メートルの平均台を渡る自分を想像してみてください。普通の身体能力がある人なら何の問題もなく渡れると思います。しかし全く同じ平均台が地上50メートルにセットされていたらどうでしょうか？　地上では平気でできたことが、上空では死への恐怖がプレッシャーとなり、その結果、多くの人が命を落とすのです。これが「プレッシャー」の怖さです。

マーケティングにおいても、決める人（当事者）としてのマーケターにはあらゆるプレッシャーがかかります。特に大きいのは自身がブランドや会社の浮沈を背負っているというプレッシャーです。他にも、さまざまな部署間の利害や人間関係の衝突の間に立つプレッシャー、無茶な期日でも仕事を果たさなければならない時間のプレッシャー、自身のキャリアが叶うか損なわれるかの瀬戸際のプレッシャーなど、たくさんあります。

重大な結果責任を背負う当事者として、平常心でマーケティングをするのは簡単ではないのです。後で考えると何でもないようなことでも、頭が動かなかったりひらめかなかったり、パフォーマンスが大幅に下がることがあります。プレッシャーのかからない状態で正しい判断をできることと、強いプレッシャーの中で正しい判断をすることは、全くの別次元なのです。

マーケティング・コンサルタントという仕事があります。企業に対してマーケティングの助言や提案を行う仕事です。一般論ですが、コンサルティングという立場では、企業内でマーケターとして働く場合と比べて、広い視点でタイプの違う多くの企業やブランドを見る経験が積める利点があります。

しかし最終的に意思決定するのは顧客（クライアント）の責任者であって、コンサルタントではありません。コンサルタントという仕事では、企画提案はできても、プレッシャーがかかる中で重大な意思決定するという「当事者体験」がなかなか積めません。もちろんコンサルティング特有のプレッシャーはあるでしょうが、それは自分で意思決定するプレッシャー体験とは異質なはずです。

もちろん当事者体験を多く積んだ後にコンサルタントになられた人もたくさんいます。すべてのコンサルタントが意思決定できないと言っている訳ではありません。コンサルタントの立場では「自分で決める当事者体験」が積みにくいと言っているだけです。ただ、私は当事者体験に乏しい方の言説をあまり信用しないことにしています。地上でどれだけたくさん平均台に乗っていても、50メートル上空で命の綱渡りをする文脈とは無縁だからです。

重くのしかかるプレッシャーの中でも正しく頭を使い、戦略的に周囲を動かしてチームを勝利に導けるようになるには、プレッシャーに慣れないとダメなのです。そのためには何度も何度も重圧のかかる修羅場を経験することです。胃の裏側から冷たい汗が滲《にじ》み出てくるような日々を何度もくぐり抜けて、たいていのことにはビクともしない精神力が培われるのです。

そうすると腹の中に意思決定の「ガッツメーター（自分特有の判断の基準）」ができあがっていきます。戦場において、当たり前のことを当たり前にできるということは実は素晴らしいことなのです。マーケティング理論を自分の感覚になるまで練り込んでおかないと、実際の戦場では使えないものです。理論を感覚に練り込むためにも、実戦で繰り返し繰り返し経験を積んで、脳裏に刻み込むしかないのです。

人を育てる伝統

P&Gでは実戦経験を1996年の入社1年目から多く積ませて頂きました。最初はブランドの社長とも言うべき立場の上司「ブランドマネージャー」の下で、いくつかの重要プロジェクトを任せてもらいました。パッケージの変更とか、ビジネスの分析とか、消費者プロモーションとか。それらをリードしながらマーケティングの基礎を、理論と実戦のサンドイッチで覚えていくのです。

そしていくつかのブランドを経験しながら、TVCMの開発や新製品導入などの大きなプロジェクトを任されるようになり、結果を出していくと入社5年目にブランドマネージャーに昇格しました。当時のP&Gのブランドマネージャーは、1ブランドの経営責任全般を負う存在でしたので、世間でいう一般的な課長職よりははるかに大きな職務権限を持っていたと思います。20代のうちから、リーダーとして部下や多くの部門を統率する経験、そしてブランドの売上利益責任を負うプレッシャーを体験することができました。

ブランドマネージャーとして実績を積んだ後、2004年にP&G世界本社（米国シンシナティー）に赴任することになりました。P&Gの中でも最重要ブランドの1つである北米パンテーンのブランドマネージャーとして、壮絶なプレッシャー体験をすることになりました。同じフロアに日本人はただ1人という環境で、生まれて初めてマイノリティー（少数派）になる体験をしました。生き残るのに必死で多くを学び、幸いなことに結果を出すことができてアソシエイト・マーケティング・ディレクターに昇格。日本に帰国しました。それが2006年のことです。
その後の3年間は、日本でヘアケア事業部の複数ブランドのポートフォリオ（ブランドの束）をマネージするだけでなく、マーケティングの人事に深く関わる経験もできました。2009年は、P&Gが買収したウエラジャパンに副代表として赴き、新しい経験を積ませて頂きました。P&G本体とは全く異なる日本的な企業文化を初めて経験しましたし、マーケティングだけでなく複数部門のレポートラインを受ける経験や、B to Bビジネスに深く携る経験も初めて積むことができました。そして2010年に、更なる挑戦を求めてUSJへ転職することになります。

在籍14年間で積めた経験の質と量を思うとき、古巣であるP&Gに対して深い感謝の言葉しか思い浮かびません。ひたすら戦って戦って、勝ったり負けたり、会社に大儲《おおもう》けさせたり大損させたり、成功だけでなく多くの失敗もさせてもらいました。ブランドの社長としての視点で、川上から川下まで一気通貫でブランディングする経験も積めました。若いときから広い視野でビジネスを診る習慣がつきましたし、様々なビジネス・ドライバーの相関関係を感覚に練り込むこともできたのです。

P&Gは、人を育てるという意味においても優れていました。トレーニング・システムは本当によくできていたと思います。P&Gマーケティング本部に内定する多くの学生はマーケティング専攻ではありません。大学時代にマーケティングをどれだけ勉強したかなどは選考条件では全く関係ないからです。

マーケティング知識のない全くの素人を入社させて、短期間で効率よく戦力化するノウハウが整備されていました。マーケティングの具体的なテクニックを学べるトレーニングコースがレベル別に整備されていただけでなく、リーダーシップや戦略的思考のようなビジネスマンにとって基幹となるコンピテンシーを鍛えていくメニューも揃っていました。しかもトレーニングそのものやトレーナー達（P＆G社内のマネージャー達）のスキルを改善して更に良いものを目指す努力も怠りません。

社内ではトレーニングは優先事項として尊重され、仕事はもちろん忙しくて大変ですが、上司からもトレーニングを積極的に奨《すす》められ、文化として人を育てることに強くコミットしている社風がありました。私自身もヘアケアビジネスと並行して、教える側としてP＆Gマーケティング大学のPrincipalを何年も務めていました。マーケティングを体系立てて教えるノウハウ、トレーニング・プログラムを開発して実施する経験も積むことができました。

加えてP＆Gは、上司達も素晴らしかったのです。実は私は上司運が最高なのです。その時その時に、私に最も必要な能力を背中で見せてくれる（反面教師も含めて）、そんな上司ばかりにめぐり合って来ました。

部下は上司を選べません。でも真実は上司も部下を選べないのです。私のようにアクの強い部下を持った上司達はさぞ大変なストレスだっただろうと思いますが、部下を育てることに深い情熱を持った方々ばかりでした。

部下に本当に必要なことを理解させるには、上司としては相当な勇気が要ります。本当に必要なことは、部下にとって耳が痛いことがほとんどだからです。部下が反発したり感情的になるリスク、それを受け止める一連のストレスを考えると、上司にとって非常にコストが高いのです。上司にとって一番楽なのは、部下の強みだけを自身の短期の結果に利用することです。苦労して部下を育てるなんて割に合わないのです。でも私が仕えた多くの上司は、私の性格上の課題や限界にまで踏み込んできてくれました。

　成長するために目を背けてはいけない多くの課題を真剣にフィードバックして下さった方、頭でっかちだった私に一緒にやってみせながら「現場の戦術を詰める」ことの重要性を根気強く教えてくれた方もいました。私を一度も褒めてくれなかった上司もいました。後で知ったことですが、その上司は表では傲慢《ごうまん》の塊のような私を徹底的にコテンパンにしつつ、裏では私のキャリアが開けるようにキャリアプランをセットして下さっていました。

　あの会社には、能力が高くて熱い上司がゴロゴロいましたし、人を育てることに情熱を持つ集団としての伝統がありました。それはＰ＆Ｇという会社が、ヘッドハントを一切せず、内部昇進をポリシーにしている会社だからです。歴代の社長も一番下から上がっていった人ばかり。将来の立派なリーダーは自分達で作らないといけない会社だからです。**内部トレーニングの充実と人を育てる伝統は、あの会社にとって会社存続のために欠かせないビジネス・ドライバー**なのです。

　今となってはお世話になった上司達に直接恩返しすることは難しい状況です。しかしそうやって育てて頂いた世代ができることは、上の世代から受けた恩を下の世代に回すこと。**恩返しはできなくても恩回しはできる**のです。我々の上司達も更にその上の世代から受けた恩を我々の世代に回してくれていたのです。我々にできることは、先輩から学んで受け継いだものを、人を育てる情熱と共に若い世代に繫《つな》いでいくことだと思います。

P&G時代もUSJに来てからも、私がマーケティングのトレーニングに重点を置いて、次世代のマーケターを育てようとしている理由はそこにあります。この本を書いている動機もまさにそれです。日本に強いマーケターを増やすことは私にとって恩回しなのです。

成長できる環境で貪欲に泳ぐ

USJに転職した理由はいくつかあるのですが、その中で最も大きかったのは「もっと成長するための新天地が欲しい」というモティベーションでした。私は大会社の1部分であり続けるよりも、会社自体は小さくとも意思決定の当事者になれる、できるだけ大きなスペースが欲しかったのです。USJの前社長グレン・ガンペルと出会って、マーケターとしての私に大きなスペースを用意してくれていることがひしひしと伝わり、己がどこまでできるかこの新天地にかけてみたいと思うようになりました。

エンターテイメント・ビジネスは全く初めてだったのですが、それは全く気になりませんでした。消費者を相手にする限りマーケティングの哲学が同じであることには確信がありましたし、個人的にもエンターテイメントは大好きでしたから、ヘアケアを売るよりもよほど情熱が湧くだろうと前向きに思っていました。

しかしこの転職に対して周囲からの反応は必ずしも芳しくありませんでした。先輩や同僚の中には、当時微妙な評判だったUSJのような会社ではなく、マーケティングのキャリアとしてもっと広く華々しい業界の大企業に行った方が良いのではないかと心配してくれる人もいました。しかし私は14年前と同じく「花よりも実をとる」選択をしたのです。私にとって、大会社で偉くなっていくことは重要ではないからです。

むしろ私の意思決定によって組織により大きな影響力を行使できるスペースがある方が「やりがい」を感じます。そのためには、周囲からの評価ではなく、私が欲しい経験とスキルが得られる場所であるかどうかが重要でした。それは、大手商社MではなくP&Gを選んだあの時と全く同じ考え方です。「USJを盛り返すことができれば、日本のためにもよほど華々しい仕事だぞ」と思っていました。

そしてUSJへ。入ってみたらP&Gどころではないプレッシャーの毎日でしたが、発狂することもなく何とかビジネスを伸ばすことができました。むしろP&G時代の私は、ずいぶんと恵まれた環境にいたことがよくわかりました。優秀なスタッフに囲まれて、堅牢《けんろう》に整った社内システムに守られて仕事をしていたのだと。

自分でやる領域がとてつもなく大きいUSJでは、私は願ったり叶ったりで多くのことを学びました。プレッシャーの中で平時では信じられないようなミスもいくつか犯してしまいましたが、仲間達と力を合わせて会社業績をV字回復させることができたのです。転職というリスクをとったおかげで、P&Gに居続けていたら絶対に得られなかったであろう学びと経験を数えられないくらい得ることができたのです。

あれから5年半経ちましたが、**今のUSJはマーケターが育つのに非常に良い環境**になってきました。内部トレーニングによってマーケティング力を底上げし、新卒採用にも力を入れ、そこに中途採用も組み合わせて、優秀な人材が層となって機能するように大きく前進していま す。USJの最大の利点は、若い人に経験を積ませるための実戦の機会が素晴らしすぎる？ほどあることです。成長企業にチャンスがより多くあることは道理ですが、実戦の機会という点では、かつてのP&Gをもはるかに凌駕《りょうが》していると思います。

年間に何十もの新規アトラクションやイベントのプロジェクトを動かし、30本以上のTVCMを製作し、価格変更や消費者プロモーションの頻度も異様に高く、市場構造分析においても数学を駆使した新しい独自手法の開発を進めています。新人だろうが中途採用だろうが、格上の仕事にチャレンジできるチャンスに満ちています。急激に成長しているので「人的リソース」が不足しているのです。

マーケティングを磨く実戦機会を求める人や、人々の笑顔を増やすことに真正面から取り組む「感情マーケティング」にやりがいを感じる人にとっては、非常に良い環境になっています。もちろん、これは現時点（2016年1月）での話です。マーケターになる場所としてUSJを考えている人は、ご自身でよく確認して、判断してください。

より多くの経験値を求め、より過酷な実戦を求め続けなければ自分の成長は止まってしまいます。それはP&Gに入社した時も、USJに転職した時も、そしてこれからも、一貫した私の考え方と行動指針です。

マーケティングという職能を選んだ時点から、自分に実力を蓄えることを常に意識して、平穏無事な道をできるだけ避け「厳しい道」を選んできました。そうやって成長できる環境に貪《どん》欲《よく》に泳いでいくことで、私は真のマーケターになれるのだと思います。

第8章

マーケターに向いている人、いない人

マーケティングで成功する人はどんな特徴や属性を持っているのでしょうか？　一口にマーケティングと言ってもさまざまな専門領域があり、さまざまな強みや性格を持った多くの人が活躍しています。だから一概には言えないのですが、あくまで1マーケターである私の意見として聞いてください。

マーケターにはいろんなタイプの人がいますが、共通項はあります。マーケティング業務をこなしていく上で中心となるスキルを考慮し、それらをマスターできる確率が高いと思う属性を紹介していこうと思います。**これらの特徴を全て備えないといけないわけではありません。これらの特徴のどれかが当てはまるならば、その特徴を活《い》かした立派なマーケターとなって成功する可能性が大いにある**ということです。

減点法ではなく、加点法で可能性を考えてください。私自身も、これらの中に得意なものもあればまるっきり苦手なものもあります。これから紹介する４つの特徴は、マーケティングに限らず、多くの仕事においても当てはまる本質的な人間としての強さに通じていると私は考えています。

マーケターに向いている4つの適性

(1) リーダーシップの強い人は向いている

ここで言う「リーダーシップ」とは、**人を動かすことで結果を出す**、個人技としての統率力を意味しています。この適性は、マーケターとして、あるいはマーケティングからマネジメントとして成功していくために、非常に重要だと私は考えています。マーケターはブランドを作る人であると同時に、多くの人を動かして「作らせる人」である側面が大きいのです。チームが向かうべきビジョンを明確に掲げ、限られた資源を適切に割り振りし、人々が力を発揮しやすいように環境を整え、時には人のお尻《しり》を蹴《け》り、時には人を勇気付けて、チーム全体の力を束ねて勝利へと牽引《けんいん》していく力、それがリーダーシップ力です。

リーダーシップに優れた素質を持っている人は、幼少期から学生時代はどのようなことをしていたのでしょうか？　採用活動で私は1000人以上もの学生からさまざまな話を聞いてきたので自信を持って言えることですが、リーダーシップの優れた素質は子供の時から発現します。ほぼ例外なく、社会人になるまでの間に何らかのリーダーシップを発揮しているものなのです。

そういう人は、クラスでも、部活でも、生徒会でも、学外活動でも、なぜか頻繁にリーダー役をやっていて、目的を掲げて集団を引っ張った経験や自分自身が起点になることで全体を良い方向に変えた経験をしているものです。もちろん学生時代の役職経歴だけで判断することはできません。日本の文化的な事情もあります。女性の場合は特に、生徒会長や部長などの「頭」をやる機会自体が少ないものです。

リーダーをやっていたということが大事なのではなく、その人が起点になって何を変えたのかが大事なのです。「グループ全体や自分以外の人々に対する関心や情熱が強い」という価値観を持っている人は、学生時代を振り返ってみると、グループの中で必ず一目置かれる中心的存在になっていたはずです。

そういう人は、難しい状況の中でも「こうするべきだ」という自分の意見をしっかり持っていて、積極的に主張できるものです。そして、なぜかはわからないけれど、全体を仕切るのが大好きで、人の世話をするのも大好き……。20年以上生きてきた中でその傾向が顕著に現れていたならば、リーダーシップの素質があるとみて良いでしょう。

リーダーシップの素質は、意識して鍛えていくと、マーケターに限らず全ての「人を動かす仕事」で非常に役に立つ武器となるでしょう。様々なベクトルの交差点に立ち続け、それらを束ねて1つの方向へ引っ張らなくてはならない、特別に大切なコンピテンシーなのです。

(2) 考える力(戦略的思考の素養)が強い人は向いている

マーケティングで食べていくためにはある程度の知性が必要です。考える力(問題解決能力と言ってもいいでしょう)があまりに足りないと、マーケティングは覚えられないし仕事にならないのです。ではある程度とはどの程度か? これを定量化することは難しいのですが、人並みよりもちょっと良い程度で十分だと私は思っています。ずば抜けた知性などなくてもマーケターとしては食べていけると私は考えています。

余談ですが、採用する側の企業の多くは「知性の高さ」と大学偏差値の相関関係が高いことを知っています。採用活動において経営資源を偏差値の高い国立大学や有名私大などに集中するのはそのせいです。学歴差別をしたいのではなく、単純に大魚と遭遇する確率が高い(つまり企業活動として効率が良い)池で釣りをしたいだけです。

しかしここで注意すべきことがあります。私も採用担当マネージャーとしてずいぶんと多くの大学を回ってきたので、知性と偏差値の相関関係が強いことは実感しています。それは統計的には正しいのですが、個人のレベルでは必ずしも当てにならないのです。

東京大学の学生であれば知性が高い確率は高いのですが、目の前にいる東大生の知性が高いとは必ずしも言えないのです。偏差値が高い大学にいる学生は、勉強ができたことはほぼ間違いないのですが、本質的な知性（IQとでも言いましょうか）が微妙である場合も珍しくはありません。逆に偏差値がそれほど高い大学でなくても、上澄みには異様に問題解決能力に長《た》けた学生がいるというのは、多くの学生に会ってきた私の実体験からの経験知です。

10代までのわずかな時間の中でどれだけ勉学に集中できたかという家庭環境や教育環境の違いが、学歴という指標に大きく影響を与えていると思います。偏差値が低い大学卒だったり、大学に行ってもいない人の中にも、問題解決能力が高い人は少なからずいるのです。学校では勉強嫌いだったけど「IQ的に賢い人」は多くいるのです。そういう人は学歴に関係なくマーケターに向いています。

もっと贅沢《ぜいたく》を言えば……単に知性が高いだけでなく、**高い知性を戦略的に活用できる人がマーケティングにはめちゃくちゃ向いています**。マーケティングは、様々な事情や条件を考慮に入れた上で、正しい方向性を導き出す知的労働です。多くの要素を同時に把握し精査できる情報処理能力も必要ですが、たくさんの情報に身を置けばおくほど大局を見失わない戦略的思考もできるようになる必要があります。

やるべきことを上手に選んで優先順位をつけて取り組む。業務効率を上げるためにも、難しい局面で正しい意思決定をできるようになるためにも、必要になるのは戦略的思考の素質です。

とはいえ学生時代から意識して戦略的思考を開拓している人はほとんどいません。戦略的思考はクセの問題ですから、ある程度の知性があればトレーニングで身につけることができます。

戦略的思考の素質がある人は、ほとんどの場合において**子供の時から要領が良い人**です。**努力の割には良い成果を出す人**と言ってもよいでしょうか。宿題をやる手際がいい（あるいは宿題をやらずにごまかすのも上手《うま》い）、人が時間をかけてやることを近道で上手く手を抜いて素早くやってのける、勉強時間は長くないのになぜか成績は良い、自分の損と得を瞬間に判断して立ち回るのも上手い、料理に興味があるならば手際よく短時間でおいしいものを作ることも上手、そういう人が多いです。

こういう人は、努力でコツコツ全部やるというスタイルではないのです。何事もできるだけ楽に済ませたいと思っていて、無意識のうちに最短距離の道を探すクセがついています。努力型の人間が尊敬される日本文化の中では「要領の良い人＝ちょっとズルイ人」と思われがちなのですが、実はそれは幼少時から発揮されている戦略性の素質です。中には、部活で作戦立案の担当をやってきたとか、将棋やチェスや囲碁などの戦略的思考を使った遊びに興じてきた人もいます。

戦略的思考の資質を意識的に鍛えていくと、自分が乗っている船をどこに進めるべきなのかを明確に指し示す力へと昇華していきます。この能力に優れた人が1人いるだけでその船のパフォーマンスは大きく変わってきます。この素養に優れた人は、求められる期待を要領よく達成していくことができるので、他の多くの職能でも成功する可能性が高いと言えます。

(3) EQの高い人は向いている

人の心の中を読み解くのが上手な人がいます。「空気」も「行間」も抜群に読める人です。そういう人は、人が何を考えてどう感じているのかを察する力に長けています。物事を感覚的に捉《とら》えてその真相を洞察する力にも長けているものです。このEQともいうべき素養に優れた人はマーケターに向いています。この強みを優れた感知能力（センス）へと磨いたマーケターは、人々の「好き」や「嫌い」や「なぜ」などのマーケティングの重大課題に対して、**全ての調査や判断に十分な時間をかけられない実戦でこそ重宝される大戦力**になります。消費者が話すわずかな言葉や情報から、その真意を察して読み解くのが上手で、TVCMをぱっと見ただけでそのCMが言いたいことは何なのかを察知します。どのパッケージが消費者にウケるのかも調査の前からなぜか答えがわかる、自分達のマーケティングプランに触れたときに消費者がどう感じるかをほぼ正確に言い当てることができる……。

男性女性で大別するのは乱暴だと思いますが、私の限られた経験では、この適性に優れたマーケターは女性にやや多いように思います。正直言って私はここに強みがあるタイプではないので、自身の経験からこの適性の行動様式を語ることができません。そこでこの領域で尊敬するマーケター達に知見を伺いました。

どうやらこのタイプの人は、**社交的で人気者、幼少期から現在に至るまでの多くの情報を自然体でたくさん吸収してきた人**である場合が多いようです。楽しいことが大好きで、興味があるものがたくさんあって、趣味も幅広く、流行《はや》りものには敏感で、何でも早く試してみたくて、ファッションにも関心が高く、さまざまな雑誌やネット情報にも目を通している。もともと他人や世の中に興味のあることが多いので、人とのつながりを求めて友人・知人がとても多く、部活やサークルなど様々なグループに掛け持ちで所属していることも多い。

多くの場合、親にも似たタイプの人が多くて、様々な人と接する機会が多い環境で育ってきている。中には、親・教師・兄弟など周囲にかなり気を遣わざるを得ない環境で、周囲の顔色をセンシングする共感力を鍛えられて生きてきた人もいるそうです。このタイプの特徴は、人が何を考えているかとか、人が何を欲しているかなど「人に対する関心の強さ」を持っていること。そして楽しいものやイベントなど「世の中の流行りものに対する興味の強さ」も持っています。

このように高いＥＱに根ざした共感力に強みがある人は、「消費者理解」を武器にしたマーケターにとても向いていると思います。消費者が自分では気がつかないニーズやインサイトを洞察できない限り、マーケティングはどうしようもないのです。このセンスに恵まれた人は、マーケティングの実務においては質的調査（消費者心理を深く探っていく最も重要なマーケティング調査の技法の１つ）などで経験を積み、消費者の隠された真実に辿《たど》りつくために頭脳をフル回転させて情熱を注ぐことができるでしょう。

ブランドに変革を起こすような決定的な宝を消費者から掘り起こすのは、たいていこのタイプのマーケターです。マーケティングのアイデアが実って消費者の生活をポジティブに変化させたその実感に、無上の喜びを感じるタイプでもあります。

（４）精神的にタフな人は向いている

成功するためには成長が必要で、成長するためには多くの経験から学ぶことが必要です。様々な経験から学んで自分を変化させるためには、精神的なタフさが必要です。タフであればあるほど、ストレスのある経験に身をおいても潰《つぶ》れることがないので、成長を加速させることができます。

マーケターとして実力を貯《たくわ》え続けていく長い旅路には、凹《へこ》まされることがたくさん起こります。多くの時間を「不安」の中で過ごすことになり、うまくいかなくて焦る思い、恥ずかしい思い、辛《つら》い思いに包まれるのはほぼ毎日。全身全霊を賭《か》けた自分の仕事が見事な失敗に終わるような場合は、プライドや自信が一瞬で崩壊する絶望的挫折《ざせつ》を味わうことになるでしょう。それでも再び立ち上がって、周囲からの冷たい視線に耐えて、その大失敗の本質を直視し、自分の栄養に変え、更に前を向いて歩き続ける強靭《きょうじん》な精神力が必要になるのです。

そのような打たれ強さは、失敗や挫折が避けられないマーケターにとても重要な適性の1つです。その耐久力に優れている人は、それまでの人生で挫折経験を多くしている人です。言い換えれば、多くを経験することで修羅場に慣れています。目的志向が強く多くのチャレンジをしているので、多くの失敗も体験できている人です。病気でも浪人でも貧乏でも、辛い境遇に身をおいた苦労や挫折が豊富なほど、社会人になってから待ち受けている多くの理不尽やストレスに対する免疫が強くなります。

しかしながら、一流大学を出てマーケターを目指すような人は、挫折体験に乏しい人が多いのです。家庭も裕福で、勉強も良くできて、スポーツも良くできて、学校生活でも素晴らしく成功してきたスマートな「偏差値エリート」は、大きな挫折を知らない人が多いのです。挫折経験の乏しい人がマーケターデビューした場合は、事故が起こらないように気をつけねばなりません。

優秀な先輩や同期に囲まれて「自分が一番できない人間になる」ことを人生で初めて経験します。自分が一番下になったり、完全否定されたり、めちゃくちゃ怒られたり、そういう経験すら社会人になって初めてという人は実はかなりいます。私は新卒マーケターの相談サポートをしていたことがあるのですが、20代前半にして劣等感で自我が崩れた結果、心の病になる人もいました。

本人は「自分がそんなにできない人間だとは知らなかった」とよく言います。学校で勉強くらいしかしたことないのに、プロデビューしてすぐに何かできるようになる訳がないのですが、このタイプの人は「できない自分」が過度のストレスになるようです。それを私は「優等生症候群」と言っていました。社会人デビューすると誰もが、できない自分を受け入れて貪欲《どんよく》に学ぶことが求められるはずなのに……。

それまでの人生であまりにも優秀であった人にはどうしようもないことだと思いますが、大きな挫折体験をしたことがない人は、注意が必要です。これはマーケターに限った話ではありません。**社会人になったら戦力化するまでの数年間は、劣等感は避けられないものだという心構えを持っておく**ことです。大丈夫です！　私が知っている多くの優秀なマーケターも、皆最初はできなかったのです。もちろん私もできませんでした（笑）。スタートは皆一緒。そこから差がつくのです。自分から貪欲に学べる人と、そうでない人の差です。

役に立たないプライドは早く捨てて、プロとしての本物のプライドに置き換えることです。

たとえ馬鹿にされても知らないものは知らないと言えて、泥臭くわかるまで食らいついて聞く。たとえ嫌がられてもできる人に何度も頭を下げて教えを請い、貪欲に吸収する。周囲からダメ出しされたり否定されてもネガティブにならず「学ぶ機会を与えてもらったんだ、ラッキー！」と思う。そんな「貪欲さ」と「打たれ強さ」がどうしても必要になるのです。それがないとヤバイと思ってもらいたいのです。

打たれ強さはある意味で慣れの問題ですが、貪欲さはその人の意識の問題です。社会人になりたての人だけの話ではありません。それなりに社会人経験を積んでいる人でも、妙なプライドが邪魔するのか、よくわからない「私らしさ」の殻に閉じこもっているのか、否定されることを恐れ、変わることを拒否して、ずーっと成長しない人が少なからずいます。優等生症候群と根っこは同じなのではないかと私は思っています。

私は、近所の公立小学校から近所の公立中学・公立高校、最後も一番近い国立大学へと進んだ、極めて安上がりで親孝行な庶民の出身です（笑）。小中学校から受験をさせるような家庭ではなかったので、塾などには一度も行ったことがなく、公立学校の授業だけでのんびり成長しました。授業はちゃんと聞いていましたが、同じ漢字やアホみたいな単純計算を何度も書かされる単純作業が苦痛で、宿題などはちゃんとしたことがありませんでした。小学校の頃はザリガニをとりに行ったり、魚釣りに行ったり、プラモデルを作ったり、とにかく友達と遊んでばかりでした。中学以降は部活や生徒会などを頑張っていましたが、親や学校や誰かの強制やシナリオに沿って何かにいそしんだことがなく、自分がやりたいと思ったことだけを自分で決めてやって育ちました。

数学だけは意欲的に勉強しましたが、その他はあまり興味がなかったので、受験勉強も学校の教科書だけ使って適当にやったくらいです。家庭でほとんど勉強しなかった分、子供のころから勉強以外の様々な経験をすることができたように思います。夢を追いかけて努力したり、それが悔しくも破れたり、ある領域で自分の才能の限界を知ってしまったり、その精神年齢なりに痺《しび》れるような挫折も何度かしてきたことが、今の私の精神強度の土台になっていると確信しています。

気が付けば私の子供達の世代になろうとしています。受験エリートで偏差値が高いことは素晴らしいと思いますが、勉強ばかりに経験を限定している子供が日本にどんどん増えているようで、私は少なからず心配しています。もちろん勉強はできたほうが良いに決まっていますし、学業で得たことは実社会で驚くほど役に立つと私は思っています。ある程度の偏差値の大学に進まないことには、優良企業のリクルーティングのコアターゲットになりにくいのも事実でしょう。

しかし、社会人になってからが本当の勝負です。多くの人をみてきましたが、社会人になってから大成功する人は、学校の勉強だけができた人ではないです。勉強もある程度できた上で、それ以外の経験も豊かに積んできた人の場合が多いというのが私の経験知です。

「スペシャリスト」か「ゼネラリスト」か?

リーダーシップに優れている人、戦略的思考の素養が豊かな人、EQが高くて感覚知に優れた人、打たれ強い精神的にタフな人……。それらの特徴のうちのいくつかを持った人がマーケティングには向いていると述べてきました。では4つの中で最も大切な適性は何でしょうか？ここは意見が分かれるところですが、私の考えを申し上げます。

それはどこに進んでいきたいのか次第で変わると思います。**マーケターは、「マーケティングのスペシャリスト」であり、かつ「ビジネスのゼネラリスト」**でもあります。ゼネラリストというのは、ビジネスに必要な多岐にわたる分野に、ある程度の理解と関心を持って突っ込んでいけるマネジメントとしての能力を意味します。

マーケティングのスペシャリストとして生きていきたいならば、それぞれの適性に応じた多岐に渡る専門分野があります。質的調査のエキスパートであれば、EQの高い「人に興味がある」素養がないと消費者理解を極めていくことは難しいでしょう。量的調査のエキスパートであれば、戦略性に加えて数字を読み解くことに関心が強くなければならないでしょう。広告宣伝のエキスパートであれば、戦略性の強さやEQの強さが重要になるでしょう。

マーケターのゼネラリストな側面を重視してマネジメントを目指す人にとっては、**知力や体力もそこそこ必要なのですが、人を引っ張っていくリーダーシップ適性に優れること**が最も大切だと私は考えています。マネジメントや経営者を目指したい人は、専門のマーケティングができた上で、チーム全体が正しい方向に進めているかをしっかりと把握して、道を外れているときは手遅れになる前にどんどん飛び込んでいかなくてはなりません。戦略性など他の面も優れていることに越したことはないのですが、極端な話、リーダーシップに優れているならば、苦手分野はそれぞれ優秀な人を雇ってチームとして補えば良いのです。さまざまな人を上手く活用できる力こそが、マネジメントを目指す人にとっては最重要だと私は考えます。

これから就職という若い方々に特に理解してほしいのは、**英語力とか、数学力とか、ましてマーケティングの知識とか、そのような現時点での知識は全くもってマーケティングを志す時点では重要ではない**ということです。

もちろん、それらの力がある方が社会人になってからの苦労が減るのでベターでしょう。英語力なども、外資系に限らず活動の範囲が国外にまたがる今の時代では重要でしょう。近年では、採用後のトレーニングコストを抑えるために、英語力にある程度の基準を設けている企業が主流になってきましたから、できるに越したことはありません。しかしビジネス英語は、努力次第で誰でも身につけることが可能であって、マーケティングを志すかどうかの判断とは別次元だと私は考えています。

数学などは、知っているならもちろんプラスですが、「マーケターとして成功するため」に必須《ひっす》ではありません。私の場合は数学を活かした特殊なマーケティング手法を独自に磨いてきましたが、それは少数派でレアな絶滅危惧《きぐ》種です（笑）。むしろ大学受験数学のレベルさえやっていない私大文系出身のマーケターで成功している人の方が、ずっと多数派。マーケティングは「人間の購買行動」をテーマにした文系学問ですから当然です。

四則演算すらできない数字アレルギーでは困りますが、マニアックな数学は必要ではありません。マーケティングの知識に関しても同様です。志してから学べるからです。むしろ実戦を通じてちゃんと学んだ方がよいのです。

マーケターに向いていない人

先ほどの4つの素養がどれも当てはまらない人は、マーケターになることはオススメしていません。そのような方には、マーケターになることは勧めませんが、マーケティング思考をしっかりと学んでおくことだけはオススメしています。マーケティング思考を身につけておくと、どんな仕事でも大きな成果を上げられるからです。

とはいえ、私もかつてはそうでしたが、自分のことはよくわからないものです。「ある程度の素養」の有無をどうやって判断すれば良いのでしょうか？

私のオススメの方法を1つ提示しておきます。マーケティングの業務を体験できる機会にできるだけ参加してみることです。企業の多くが行っているインターンシップや、ビジネスのケーススタディーやコンペティション等の就活学生向けのイベントに積極的に参加して、そこでマーケティングの仕事の一端を実体験してみることです。その時にその仕事自体を「面白い！」と思えた人はマーケティングに向いていますし、少なくともマーケティングは選んでも良い「職能」の1つである確率が高いと思います。

その際に気をつけなくてはならないことがあります。本気で向き合わないと素質はわからないものなのです。格好つけて参加するのではなく、限られた時間の中で、与えられた目的に対して、とにかく貪欲に自分を追い込んでください。それはきっとしんどいことだと思います。グループワークでは仲間との衝突も避けられないでしょう。それでも自分と仲間をどれだけ目的達成に近づけられるか、自分を加圧してみてください。そして終わった後に、自分がその仕事自体を「好き」と思えるかどうか？　明確に好きだと思えるならば、マーケティング業務に適した何らかの強みを持っているはずです。

採用する企業側も「素質」を必死に見極めようとしていますから、内定が取れたのであれば、それなりに適性に適《かな》っていると考えて良いと思います。

私の経験上、４つの適性の中でも、足切り点のようにキャリアの道半ばで引っ掛かってしまうのは、「考える力」か「リーダーシップ」のどちらかであるように思います。新卒採用の面接などでは、特にその2点を中心に、その学生さんの現在の力ではなく「素質の理解」に努めて採用すべきかどうかを判断することにしています。もちろん素質はある程度あれば十分で、努力して磨いていけば問題ないのですが、そこに大きな弱点のある人を間違って採用してしまうと、お互いの不幸になってしまいます。

そして採用した限りは、愛情を持ってその人の可能性を鍛えないと、人は育つものではありません。愛情というのは「厳しさ」と「その人の仏の部分（強み）をわかってあげること」の両方だと私は思っています。私自身もそうやって育ててもらったように、できるだけ多くの人にその恩を回さねばなりません。採用する際の努力の割には、せっかく採った人材を育てる努力に無頓着《むとんちゃく》な会社が多いように思います。企業側にどんなコンピテンシーモデルや評価基準があろうとも、全ての要素で強みを発揮できる人間などは誰もいないのです。全ての人は強みと弱みを持っていて、全ての人は褒められかつ凹まされるものなのです。

誰かがそれをわかってくれていて、その人の存在を認めてくれていて、可能性を信じてくれていて、その上で思い切り加圧されることで能力は開花すると私は考えています。信頼なくして加圧だけすると人は壊れてしまうことがあります。

素質はそこそこあったら十分です。あとは適切な育成環境と、何よりも一番大事なのは本人の情熱と努力なのです。

第9章

キャリアはどうやって作るのか？

私自身、たかが20年ほどしか社会を歩いていないので少し気が引けますが、多くの方から最近聞かれる質問ですので遠慮なく書こうと思います。キャリアについて「もっと若い時期に親や学校が教えてくれていたらなー」と私自身が思ったことをまとめてみようと思います。これから進路を選ぶ若い方だけでなく、社会人としてキャリアに行き詰まりを感じている方も、今後の指針に役立てて頂ければ幸いです。

うどん屋の大将の年収は決まっている

職業選択の際に、誰もが気にする自分自身の将来の年収について。実はこれは職業を選んだ時点でだいたい決まっているのです。それは選んだ職業の年収が一定の幅で決まっているからです。「え？　ホントかいな！」と思う人もいると思いますが、**市場構造が一定であるならば、その市場にいる人の収入も「ある一定の幅」で決まってしまう**のです。

例えば、あなたがうどん屋の主人になったとします。競争力のあるうどんの単価、店舗のキャパシティー、原材料費、店舗にかかる諸費用、従業員人件費など、それらの相場は好き勝手にコントロールできないことがほとんどで、市場構造やビジネスモデルによってあらかた決まってしまっているのです。

売上から費用を引いた後に残る資金から得る主人の年収も、最初からだいたい決まってしまっているのです。決まっていないのは「どの程度うどん屋として成功するか失敗するか」による上下幅の着地点です。成功したうどん屋の客単価と客数が想定できるので、うどん屋の大将の年収の上限も容易に試算することができます。逆に、失敗したうどん屋の大将の収入がどうなるか、リスクも予《あらかじ》め試算することができます。うどん屋の大将の年収は「ある一定の幅」が最初から決まっていて、成功から失敗までのシナリオによってその幅の中のどこに定まるかが決まります。

これはほとんどの職業においても当てはまります。市場構造やビジネスモデルが何かの理由で大きく変わらない限りは、その職業の収入の上下幅はだいたい決まっています。プロ野球選手は上下の振れ幅が激しい職業ですが、その一定の幅は最初から市場構造によって決まっています。一般的に野球選手の方がサッカー選手より収入が多い傾向がありますが、それは野球の方が試合数を多くこなせるという構造を持っているからです。地方公務員の総合職などは逆に上下幅の少ない職業ですが、それも公務員待遇をめぐる構造によって決まっています。

日本の製造業の場合は、その企業が属している業界によって市場構造やビジネスモデルが様々に異なりますので、それぞれの業界における「ある一定の上下幅」があてはまります。日本の大手都銀、大手総合商社、マスコミ、流通業、もちろん私のような外資系マーケターも、上手《うま》く行った場合とそうでない場合の「ある一定の上下幅」の相場があるのです。さらに、学校ではあまり教えてくれませんが、**「ある一定の上下幅」は職業によってものすごく大きな差がある**ことも知っておいた方が良いと思います。

たとえてみると、あるパチンコ屋で、それぞれの台の出る玉の数が最初から決まっているようなものです。うどん屋の大将という台に座ったあなたは、うどん屋のビジネスモデルによって「成功から失敗までの玉数」が最初から決まっている中でプレイしているということです。どれだけ成功してもその上限内の年収ということになります。

いっぽう、うどん屋の大将の台で大成功した場合より何倍もの玉数を、ふつうのシナリオ（ある一定の幅の真ん中の値）でも出してしまう職業がいくつもあるのです。たくさんの職業がパチンコ台として並んでいる様子を想像してください。どの台に座るのかを決める時に、その台の期待値（出る玉数の上下と確率）をできるだけ知った上で覚悟して座ることを私はオススメします。

もちろん、キャリアの途中で台を変わっても良いのです。その時も玉数の上下を知った上で台を変えることをオススメします。うどん屋の大将の台に座った人も、それ以上に玉を出したければ、「うどん屋チェーンのフランチャイズ・オーナー」という台に座り替えることは可能なのです。その場合は失敗した場合のリスクも高まりますが、成功した時の上限の玉数は以前の比ではありません。

玉数を知った上で、必ず好きな台に座ること

とにかく年収の高い仕事を選べと言いたいのではないのです。それぞれの職業の収入の期待値を知っておくことは、後々の納得感のために必要だと言っているだけです。私は年収の期待値よりももっと大事なことがあると考えています。私の選んだのは外資系マーケターという台ですが、ラッキーなことに全く後悔していません。しかしこれは完全に運頼みだったので本当

は危なかったのです。選んだ時点ではP&Gの当時の「30歳平均年収」なる怪しいデータを調べた程度で、外資系マーケターというパチンコ台の玉数は全く意識していませんでした。

後になって、世の中にはさまざまな台があって、とてつもない年収を業界の構造的に得られる職能があることを知りました。「外資系マーケターの台」もかなり高待遇なのでラッキーだったのですが、「外資系投資銀行の台」とか、「外資系金融ディーラーの台」とか、もっと刺激的でハイリスク・ハイリターンの台もあるんですね。

実は大昔、「森岡、おまえセンスないわ。石油とか金融とか、人間の感情以外のモノを売った方が良かったんじゃないか?」と上司にディスられ、「自分は数学にもっと特化して外資金融路線に進んでいた方が良かったかな」と悩んだことがありました。

しかし台を変えずに外資系マーケターの台で粘って粘って頑張れたおかげで、ついにフィーバー(大当たり)がかかるようになったのです。その経験から、年収の期待値以上にもっと重要なことがあることに気が付きました。その仕事が「好き」だと思えるかどうか。

「好き」な仕事でなければ成功することは難しいのです。仕事というのは、痺《しび》れるようなやりがいも味わえるのですが、そこに辿《たど》りつくまでが長く、辛《つら》いことの方が多いものです。たとえ好きな仕事であっても、辛いことの方が多いというか、大変なことばかりです。それでも頑張り続けられるのは、その仕事が「好き」だから。どんな仕事を選んでも良いと思いますが、「好きなこと」でなければ、辛さに耐えて努力し続けるのは無理です。辛くても頑張れる理由が自分の中に見つけられないのであれば、いつかモティベーションが涸《か》れてしまうでしょう。

そして結果が出せるようになるまで努力を重ねて、へこたれずにその台で頑張り続けられなければ、どんな台を選ぼうが「失敗の玉数」しか出ないのです。一見高収入に思える台でも、その失敗の玉数は、たいていの他の台の成功の玉数よりもずっと少ないですから。結局は、どの台に座ろうとも「成功の玉数を出せるか？」ということが重要なのです。「成功」のために最も大切なのは、自分が情熱を傾けられる台に覚悟を決めて座ることです。

選び方の順番としては、まずはすごく好きと思える仕事をいくつか選ぶこと。その中で差が無いのであれば、次に世の中の需要に合った台（玉数の期待値が大きい台）を選ぶということではないでしょうか。くれぐれも玉数だけに目が眩《くら》んで、自分にとって成功の確率の低い台に座らないように注意してください。

会社ではなく「職能」を選ぶ

会社と結婚してはいけません。会社はあなたと結婚することができません。それは永遠の片思いで終わるリスクが高いのです。「職能（スキル）」を選んでそれと結婚することをオススメします。あなたの中に培われて貯《たくわ》えられていく職能は、あなたをプロとして自立させていきます。あなたがどの会社で働こうとも常にあなたの中にある、誰も奪えない本当の財産になります。

まだ終身雇用制のなごりで「フジテレビ社員」のように会社名でくくられたパチンコ台が多く存在します。玉数の上下をより想定しやすいくくりではありますが、その会社が傾いたり、その会社から放り出された場合に個人のキャリアとしては対応できなくなるリスクを背負います。
私は学生の皆さんと話をするたびに、これからの時代はプロとしての職能を身につけることを意識して生きていくことをオススメしています。会社名のくくりのパチンコ台に座ったとしても、その会社の中で身につけるべき「職能」が何なのかをできるだけ早く明確にしておくべきです。それを伸ばすべく必死で努力すること。その職能を伸ばすために必要な経験を貪欲《どんよく》に選んでいく。社内でそれが手に入れば一番良いですが、社内事情によって職能の成長が頭打ちになるかもしれません。

そんな場合は、職能の成長のために環境や会社を能動的に変えれば良いのです。常にそうやってプロとしての職能に投資し続けていくと、その職能への需要が廃れない限り、あなたを欲する会社はいくらでもあり続けることでしょう。自分の職能を軸にして、時期に応じて働く会社を選べば、更に成長し続けることができるようになります。それが職能と結婚するということです。

現役時代の全ての時間をフルパワーで働き続けられる人は、ほとんど存在しないと思います。ライフステージによって働くことにどれだけ集中できるかが変化していくのは当然のことです。自分や家族が病気になってしまうかもしれない、親の介護でどうしてもフルパワーで働けなくなるかもしれない、出産や育児でしばらく戦線を離れないといけない場合もあるでしょう。

これは私の考えですが、**会社とのGive & Takeは長い目で見て成立していれば良い**と思います。仕事に集中して成果を大きく出し、会社に対してGiveの方がずっと大きい時代もあるでしょうし、逆に様々な事情で会社からもらうTakeの方が大きい時代もありえます。たとえ

Takeの方が大きいような気がしても罪悪感を覚える必要はありません。そんな時期はずっと続くものではなく、またGiveの方を大きくできる時代が来るはずです。その時に頑張ればよいのです。

そうやって考えてくれる会社でないと、優秀な1人の人間が長期間に渡ってその会社に貢献することがほぼ不可能になります。しかし現実にはGiveが常に上回っていることを期待する会社の方が多いものです。だから人生の様々なイベントをきっかけにして1社で働き続けることが不可能になる人は多いのです。

また配偶者の転勤など、今の会社で物理的に働けなくなる場合もよくあります。つまり、**多くの人にとって転職は避けられない可能性が高い**と認識すべきです。それを自覚して最初から備えていた人が間違いなく有利にキャリアを作っていくことになるでしょう。会社と結婚せず、自分が好きで選んだ職能をひたすら伸ばすために努力していくのです。そうすれば、あなたは会社を選べるようになります。例えば配偶者が転勤となった先でも、自分の職能を活《い》かして仕事を見つけることもできるはずです。自分や家族のライフステージに合わせて仕事と向き合う自由を手に入れられるのです。

強みを伸ばして成功する

会社はあなたの何に対して給料を払っていると思いますか？　それはあなたの会社への貢献に対して払っているのですが、もう一段深く考えてみましょう。「あなたの貢献」は何によってもたらされるのか。それは必ず、あなたのもっている「強み」を活用してもたらされるのです。ということは、**会社はあなたの強みに対して給料を払っている**ということ。あなたが誰も知らないところで続けている「弱点克服」の努力に対して給料を払っているわけではないのです。給料を上げたいならば、本来はあなたの強みを高めるべきです。

しかし会社人事でよく見られるのは「ここをできるようになりなさい」とか「ここが弱点だから克服しなさい」といった、その人の弱みの指摘と強調です。もちろん弱点克服が無駄だとは言いません。目指すキャリアステップに対してどうしても引っ掛かってくる要素を最低限のレベルまで高める努力は、私自身も経験してきましたし、部下にもさせてきました。自身の弱みに向き合うことも、より高く飛ぶためには必要でしょう。

ただ、**日本人の多くはあまりにも弱点克服に比重を置きすぎた「ドM気質」**ではないでしょうか？　弱点克服も大事ですが、それ以上に大事なのは自身の強みをよく把握して、それをもっと圧倒的な強みになるように伸ばしていくことだと私は信じています。

なぜかって？　弱点克服なんてほとんどうまくいかないじゃないですか（笑）。何十年も生きてきた人間の性質が、そんなに大きく変わった事例など私は見たことがありません。ちなみに私が最初のボスに注意された弱点と、最近のボスから指摘されている弱点は、程度の差はあれども全く同じです。「多くの人と仲良くやること」です（笑）。まだ経験の浅い子供の食わず嫌いの苦手意識ならいざ知らず、それなりに経験を積んできたいい年をした大人が、強みと弱点のバランスを大きく変えるなんて、まあ難しいでしょうね。

つまり**傾向は変わらないはず**です。ナスビはどうやってもキュウリにはならないのです。キユウリが大好きな上司が、ナスビを無理やりにキュウリにしようとすると、その部下は**残念なナスビ**にしかならないのです！　ナスビをとてつもなく立派なナスビにすることをもっと意識した方がよいのです。もちろん上司がそれをわかってくれるといいのですが、彼らには彼らのどうしようもないアジェンダがありますので、期待しすぎるのはやめましょう。**自分のキャリアは自分のもの**です。自分の強みを伸ばすことを至上命題としてキャリア形成の中心に据えるべきです。たとえ上司がボロクソに弱点を指摘してきても、自分のリソースの大半は強みを伸ばすことにフォーカスできていなければなりません。

そうすれば、結局のところ弱点は隠れるものなのです。弱点は無くならないのですが、強みが冴《さ》えることで目立たなくなっていきます（笑）。これは本当です。強みを伸ばしていけば、自信も付くし結果も出やすくなります。結果が出ていれば多少の弱点などキャリア形成上の問題にはなりにくいのです。

しかし積極的に「克服すべき弱点」があります。弱点には2種類あります。自身の強みとは関係が無い弱点。もう1つは**克服すれば自身の強みを大きく活かせる弱点**。前者は自覚しつつも、どうしようもないので強みでカバーします。後者は克服が非常に大切なので、積極的に取り組んでください。実は後者は克服できる可能性が高い弱点です。克服すべき弱点とは、簡単に言えばナスビがとっても立派なナスビになるために必要な課題です。

私の例を話しましょう。先にも書きましたが、抽象思考や戦略など大きなことを考えるのが大好きだった私は、その反面邪魔くさいことが大嫌いで、現場の戦術に踏み込んで細かい部分まで積極的に整理することが苦手でした。歴代の上司達は私にその弱点克服を要求してくれましたが、あまり好きではない細かい現場のエクセキューションに覚悟を持って詰めることがなかなかできませんでした。全くやらなかったわけではなく、その担当部署の人間に達成すべき目的や戦略の意味などを伝えていたのですが、自分でしっかりとプランの詳細や実行段階での様々な問題に踏み込めていませんでした。客観的に見ると、重要な戦術の成否は「彼の能力」に委《ゆだ》ねた丸投げ状態だったのです。彼が何かをやらかしていても、私は詳細を把握できていなかったので、結果が半減あるいは出ないということが何度も起こりました。

見かねた上司が、何時間もかけて私を諭してくれたことを覚えています。「森岡、おまえはどうなりたい？　強い戦略だけ作っても、このまま結果が出せない人間で終わりたいか？　戦術の詰めはおまえの強みではないけれど、もし大きな結果が出せる人間になりたいと本気で思うのであれば、きっとできるようになる。強い戦略的思考を活かせるようになりたいとは思わないのか？」と。

なりたい自分になるためにどうしても必要な弱点克服であれば、弱点にまつわる精神的コストを情熱が超越していくものです。私は、強みを活かすために弱点を克服したいと本気で思ったので、戦術の詰めに真剣に取り組めるようになりました。この上司は、キャリアの目的と私の強みと弱点克服を一直線上に結び付けて、私を動機付けすることに成功したのです。

このように、**弱点を克服できるケースには、その人の強みをテコにした場合が多い**のです。キャリアの目的に対して、どうしても達成したいというモティベーションが湧くのであれば、弱点克服は可能です。私は戦術の詰めを意識してやれるようになりましたし、いくつかの戦術領域は「必殺技」にまでなってくれました。しかしそれでも、やはり私は戦略の方が戦術よりも好きですし、得意です。やっぱりナスビはナスビのままなのです（笑）。

なかなか変われないのはなぜか？

人間の行動はなかなか思ったとおりにすぐには変わりません。それはなぜか？「行動」というものがどうやって生み出されていくのか、その構造から理解してみたいと思います。左の図を見てください。一番外側にBehavior（行動）、その内側にSkill（技術）、さらにその内側にMindset（意志・心構え）、そして全ての中心にValue（価値観）があります。内側のものが、外側を支配しています。ValueによってMindsetが影響され、MindsetによってSkillが影響され、SkillによってBehaviorが影響される関係にあります。

ボクシングで切れ味抜群の左フックを命中させて相手をKOしたとします。目に見えているBehaviorは、カミソリのような左フックによるKOです。しかしその内側には、左フックをそのタイミングで当てることを可能にした、確かなボクシング技術というSkillの蓄積があるのです。さらにその内側には、高いボクシング技術というSkillの獲得を可能にしたMindsetがあります。それはボクサーとして戦う意志（ファイティングスピリット）。それがあればこそ、厳しい練習を積んでスキルを修得できたのです。そして最後にボクサーとしてのMindsetを支えているのはその人のValue（価値観）。Value➡Mindset➡Skill➡Behaviorの順で影響を与えています。逆に言えば、強みとなるBehaviorを発揮したい人は、まずは適切なSkillを獲得せねばならず、Skillを得るためにはそれに見合ったMindsetを持っておく必

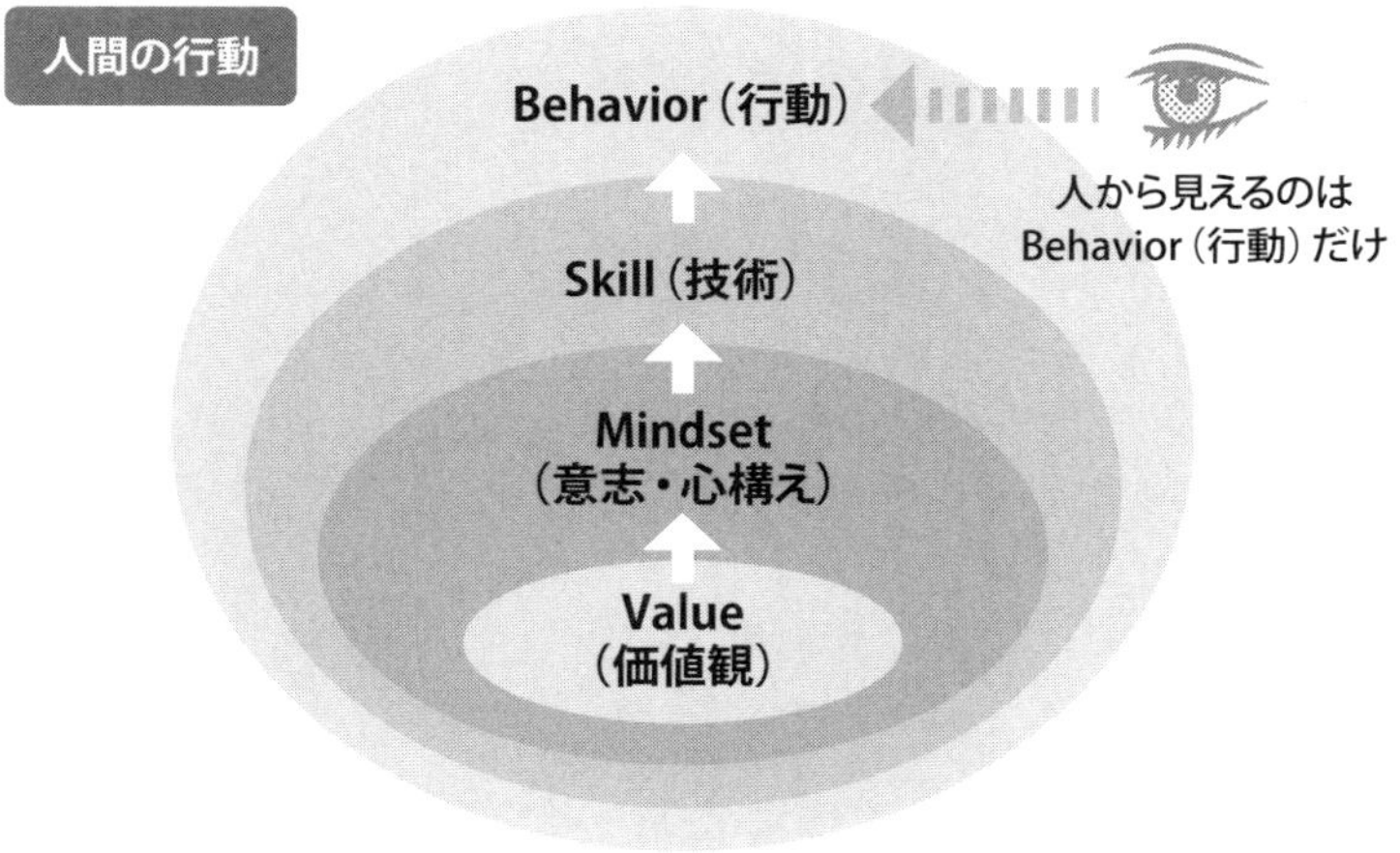

要があり、そのMindsetになるためにはそれに合ったValueが必要となります。

人間のValueを変えることは非常に難しいとされています。その人のMindsetはValueに抵触しない範囲にどうしても限定されてしまいます。その人の価値観に矛盾する心構えを持つことは無理ということです。そしてマインドセットが変わらないとスキルは獲得できませんし、スキルがないとここぞというときに適切な行動を取ることは難しいのです。

自分の行動を変えたいとき、あるいは部下に何らかの行動改善を促したいときに、行動だけをみるのではなく、その内側にあるスキルやマインドセットの階層をしっかりと洞察しなくてはいけません。「スキル」は足りているのか？　それがないのに期待する「行動」は取れるものではありません。期待される行動を生み出すための土台となるスキル習得を目指すのです。スキルがなかなか獲得できないときは、必要なマインドセットができているかを疑わなくてはなりません。私が戦術の詰めにおける自分の弱点を克服できたのは、マインドセットの大きな変化があったからです。上司が諭してくれたことがきっかけで、私は心を入れ替えたのです。

弱点をどうしても克服したい方へ。人が変われない最大の理由を知っていますか？　それは「変われない自分にガッカリしてしまうこと」です。Mindset は変わる時には一瞬で変わります。「変わろう！」と決心した瞬間に変わっています。しかし、Skill や Behavior はそうはいきません。長年にわたって染み付いたクセというものがあります。筋肉と脳神経のトレーニングの問題なのです。最初は期待通りの行動が取れないことは当たり前なのです。

期待通りにできなくても、何度も何度も繰り返し、意識した方向へ自分の行動を矯正して慣れさせていく時間がどうしても必要になります。思ったとおりにすぐにできないことで、自分自身に失望したり、周囲からも失望されたりすると、弱点克服の努力を継続することが困難になります。**本当に変わりたいのであれば、すぐには変われないことを最初から折り込んで覚悟を決めること**です。

私の下手なヴァイオリンの練習と同じです。左手のフィンガリング（指使い）を間違って覚えてしまうと、改善しようとしてもなかなかすぐにはできないのです（笑）。「変えよう！」と明確な意志を持っていますし、何が正しいフィンガリングなのかも頭ではわかっているので、マインドセットは正しく変わっているはずです。でも正しく指を動かすためのスキルを獲得するには、筋肉と神経を連携させながら何度も何度も指に覚えさせないとダメです。経験上、間違って覚えた時間の3倍くらいかけないと矯正することができません。すぐにできないことにイライラしてあきらめてしまえば、永遠に正しい指使いで弾くことはできなくなってしまいます。多くの人にとって弱点克服が難しいのは、意識変化と行動変化のタイムラグに耐えられないからです。

苦手領域というのは変わろうと思ってもすぐに行動が変えられるわけではないのです。そのことを最初からちゃんと理解して、変わりたい方向へ強く意識し続けて、「またやっちゃった」を繰り返してもあきらめず、とにかく持久戦を覚悟しておくことです。そうすれば5回ともできなかったことが、ある日5回に1回はできるようになります。その時はできなかった4回よりもできた1回を喜ぶべきなのです。そして継続して頑張っていくと、2回3回とできる確率が高まっていき、いつか自然に5回ともできるようになるのです。意識して努力を続ける限り、人間の行動はその方向へ徐々に近づいていくものです。

自分の強みを知るにはどうするか？

誰もが特徴を持っています。特徴が全くない人がいたら、そのこと自体がレアな特徴です。特徴があるということは、必ず強み・弱みを持っているということです。自分の強み探しにおいて大事なのは、他人との比較ではないということです。自分の中の相対的な好き・嫌い、あるいは得意・不得意の比較から導き出します。優秀な集団の中にいると、劣等感ばかりが芽生えてしまって、常に他人との比較の中で「自分自身の傾向」を意識できない人がいます。それは非常にもったいないことです。自分に合ったキャリアを選択していくためには、自分自身をしっかりと分析することが不可欠です。

自身の強みを知るのにはどうしたら良いか？　自分の「好きな行動」あるいは「得意な行動」の中から探すことです。**何十年も生きてきたら、その人の強みは必ず好きなことの中に埋まっています**。好きな行動をどんどん書き出してみてください。自分1人でやると煮詰まることも多いので、できれば近しい人と一緒にどうぞ。照れずにどんどん書き出してみてください。

そうやって書き出した自身の好きな行動を眺めながら、それらの行動の内側にある自分自身の能力やスキルが何であるかを考えてみるのです。行動レベルで書き出したものの中には似通った「好きなこと」のグループがあるはずです。それらに共通する特徴、それがあなたの「強み」です。その特徴をどう定義するかによって、役立ち方が変わってきます。スキルのまとめ方にはいろいろありますが、私がよく使っている大枠のくくりは次のとおりです。自分の好きな行動の内側にある能力適性（スキル）を分析するのに役立ててみてください。

（a）統率力（リーダーシップ）に関するもの
（b）思考力に関するもの
（c）対人関係構築力・コミュニケーション能力に関するもの
（d）革新性や創造性に関するもの
（e）行動力や任務遂行力に関するもの
（f）各職能の専門スキルに関するもの

列挙した自身の好きな行動をこれらのくくりに割り振ってみてください。そうすれば、あなたの好きな行動が偏っているコンピテンシーの領域が見えてくるはずです。それがあなたの強みである可能性が高い。それらの強みが活きる文脈（環境）を求めて進路を探していくのです。そうやってキャリアをスタートさせて、自分が選んだ道で頑張っていると、以前は気が付かなかった自分の新しい強みを見つけたり、学んでいく中から新しい強みを獲得していくことがよく起こります。

強みは認識しないとフル活用できないので、自分でよく認識してやることが重要です。自分の強みを軸に投資しながら、貪欲に経験を求めて、選んだ職能を縦に伸ばしていくのです。キャリアは他人との競争に見えるのですが、長い目で見るとそうではありません。自分自身のもって生まれたものをどれだけ引き出せるか挑戦し続ける旅のようです。

常に前向きに、目的を持つ

神戸大学の学生時代に、私は阪神淡路大震災を経験しました。倒壊した家屋や炎と煙で包まれる街を呆然《ぼうぜん》と眺めながら、当たり前の日常なんて一瞬で地獄絵図に変わることを実感しました。

神戸大学は多くの学生を失いました。私と仲の良かった留学生の学友も寮の倒壊で死んでしまいました。駆けつけた母国の御両親と一緒に大阪北《おおさかきた》の斎場から彼女を見送ったときの光景が、今も心に焼きついて離れません。彼女は日本人と同じようにセンター試験を日本語で受験して合格した才女で、日本人よりも美しい日本語を話し、性格も朗らかで明るく思いやりがあって素晴らしい人でした。笑っていた彼女のくったくのない柔らかな表情と、変わり果てた彼女の苦悶《くもん》で歪《ゆが》んだままの死化粧の表情が、今でも時折私の記憶に交錯します。火葬されて白くなってしまった彼女を、御両親と我々友人達で泣きながら拾いあげた時のあまりの軽さの衝撃が忘れられません。

そしてあの時の斎場の光景も……。あまりに多くの人が一度に亡くなったので棺が足りず、ご遺体は合板のようなもので作られた粗末な箱に入れられていました。それが10トントラックに山積みにされ、まるで工業資材のように次から次に何百と運び込まれ、どんどん積みあがっていくのです。そのどうしようもない量の棺をできる限り多く処理するために、強火の短時間でひたすら焼き続けている、それは嗚咽《おえつ》する人々の悲しみとはあまりに対照的な、工場のような空間。あの時の光景が、圧倒的に無機質な理不尽が、今でも瞼《まぶた》に焼きついています。

あの時に私は思ったのです。人間なんていつ死ぬか本当にわからない。死ぬのは純粋に「確率」であって、彼女のような素晴らしい才能に溢《あふ》れた人間でも、彼女のような本当の善人でも、全く容赦はされないということを。誰であれ、あっという間にトラックに大量に積み上げられた粗末な箱の1つになってしまうことが、目の前のリアルな現実でした。

私もいつまで生きていられるかわかったものではない。それまで「死」を意識していなかっただけで、実は常に「生」と背中合わせでずっと一緒にいたのだということがわかりました。地震でなくても、事故や病気、そのほかいくらでも「死」は背中合わせのところにあったのです。

そして思ったのです。突然その確率の死神に捕まってしまった時に、彼女は何を思ったのだろう、そして私は何を思うのだろうかと。それを想像すると、とてつもなく怖かったのです。死ぬのが怖いというよりも、**自分が何も達成せずに死ぬことをとても怖いと感じました**。せっかく生まれてきたのに、何もせずに死ぬなんて、生きた証《あかし》を少しも残せないなんて、絶対に耐えられないと思ったのです。

一番多感だった時期に死ぬことをリアルに意識したせいで、私には生きることへより強い意欲と執着が湧いてきました。貪欲で前向きにならざるを得なくなりました。いつ死神に出会ってもいいように、納得度が少しでも高い生き方をしないともったいないとわかったのです。

そのせいで、周囲から「森岡さん、なんでそんなに生き急いでいるの？」と言われる生き方をするようになりました。どうして仕事でスケジュールを一杯にしただけではなく、プライベートでも様々な趣味を押し込んで、分刻みで次々に様々なことをやっていくのか？　それは、あの地震以来、**私は自分のやりたいことに対して常にポジティブであろうと決めた**からです。やりたいことをたくさん実現するために、自分の時間の使い方をより戦略的に工夫するようにもなりました。

ゴールの見えないマラソンをできるだけ楽に走ろうとするのではなく、到達したい遠くのゴールを明確に定めて、その方向へ1日1日を短距離の全力疾走で積み上げていく方が後悔が少ないのではないかと私は思っています。やりたいことをやらないでおくと死神に会った時に絶対に後悔しますから。

また、やりたいことに挑戦してたとえ失敗しても、やりたいことに挑戦できたことがそれだけでどれだけありがたいか、白くなった彼女のあの軽さが私に教えてくれたのです。ましてキャリアのリスクなんて、どれだけちっぽけでどうでもよいことか、あの記憶とともに私はすぐに我に返るのです。

仕事で失敗しても、会社をクビになっても、誰かが命を取りに来るわけではないのです。よく考えると「リスクって何？　そんなものってあるの？」という話です。70年前の日本人は焼け野原の中でそれを知ったでしょうし、東日本《ひがしにほん》大震災で死神の理不尽を実感された人も多くいるでしょう。生きていること、好きなことに挑戦できること、さまざまな苦労に泣き笑いできること自体がもう十分に素晴らしいのです。

どうか多くの方々が、一度しかない人生を今、自分が泳いでいることの奇跡を感じてほしいと願っています。特に私よりも若い人たちには、一度きりしかない人生で、自分が持って生まれたものを輝かせることにもっとポジティブにならないともったいないことに、早く気がついてほしいのです。

そして「欲」を持ってください。自分の野望や夢ややりたいことを、素直に「目的」として明確に掲げてください。目的をしっかり持って、それを意識すれば、その方向へ人生は近づいていくはずです。それを戦略的に追い求めれば尚《なお》のこと、もっと近づいて達成していくことができるでしょう。

仮に努力したのに目的を達成できなかったとしても、無目的に生きるよりは、よほど人生が輝くはずです。たとえ大きな失敗をしたとしても、失敗しない人生よりははるかにマシです。あなたはいつかきっと輝くはずです。失敗しない人生なんて、何にも挑戦しなかった臆病者《おくびょうもの》の命の無駄遣いです。そんな人生こそが最大の失敗だと私は言いたいのです。

自分の人生の主役は自分しかいません。失敗を恐れず、目的を持ってポジティブに人生を歩んでいく人が増えることを願っています。そうすれば、きっと我々は自分が思っているよりも高く飛べるはずです。その高さから見えるまだ知らない景色を見るために、私は今日も生き急ぐことにします（笑）。

エピローグ

未来のマーケターの皆さんへ

本書では、「戦略的思考の基本」と「マーケティング・フレームワークの基本」を中心に、マーケティングの役割と考え方をより多くの人に知ってもらえるように、私の頭の中にあるものをできるだけ基本を重視して解説しました。また、就職やキャリアというものをどのように捉《とら》えて、どのように自身の進路を考えていくのか、私の考えを少々生々しい実体験も織り交ぜながら述べてきました。

これらは神戸大経営学部⬇P&G⬇USJと歩いてきた私という1人の人間の主観ではありますが、私なりに試行錯誤しながら全力で書かせて頂きました。読者の皆様にとって、キャリアに対する何らかの気づきや、マーケティングの考え方への理解が深まるなど、少しでもお役に立てていれば、それほど嬉《うれ》しいことはありません。

執筆にあたって、私が強く信じていることがマーケティングの一般性の観点では有益なのか？　という判断が難しかったです。マーケティングにも戦略にも、ここで紹介した以外にもいろいろなアプローチや考え方があります。私が体得してきたことはマーケティングの世界の一部に過ぎません。「知識としてお伝えするならばもっと広範囲にアカデミックな知識を中心に網羅すべきではないのか？」という内なる声の囁《ささや》きを何度も聞きました。しかしそれをやってしまうと、世の中に溢《あふ》れているマーケティングの教科書とあまり変わらなくなるのです。

だから、私という1実務者の視点で初志貫徹し、マーケターでない人が読めるマーケティングの本を目指して、私が信じていることを書きました。言い換えれば、目の前にまだ染まっていない新人がいるとして、その新人に何からどう話してマーケティングを理解させるか？　という状況で私がきっと話すであろう内容を意図的に書いています。

私の頭の中で重要だと思う基礎知識や認識を総動員せねばなりませんでした。古巣P&Gで先輩から教えて頂いたことや、後輩に教えていた当時の知識や切り口も一部含んでいます。それらはもう既に私の中で血や骨になってしまっているので、それらを分離して書かないということはできませんでした。マーケティングに関心を持つ人を少しでも増やしたいという趣旨を鑑《かんが》みて、古巣関係者の皆様にはどうか御理解を頂ければと思います。

具体的なアクションプランの提案

最後に、本書を読んだ後に具体的にどうすれば良いのか、アクションプランを提示します。実は本書のコアターゲットは2つありますので、大別したそれぞれに対して私なりの提案をします。もちろん読者1人1人の状況は異なりますので、自分自身はどう行動に移すかを熟考することを強くオススメします。

その前に、本書でマーケティングに関心を持たれた人に、拙著をもう2冊ほど紹介させてください。どうやってUSJをV字回復させたのかという詳細や、画期的なアイデアを生み出すノウハウである「イノベーション・フレームワーク」について興味がある方は、『**USJのジェットコースターはなぜ後ろ向きに走ったのか?**』(角川文庫)を合わせて読んでください。また本書に続いて遠からず出版予定ですが、私の数学とマーケティングを融合させたノウハウをまとめた専門書『**確率思考の戦略論(仮題)**』も、今まさに執筆をしているところです。本書で入り口を紹介した戦況分析に役立つ「数学的フレームワーク」のノウハウを開示します。

戦略の成否を決めているのは「確率」、その確率をどうやって操作するのか？　数式で解き明かされるビジネスの「おいしい法則」を、数学が苦手な人にもわかるようにお伝えします。勝てる戦《いくさ》を選べるようになるための本です。合わせて消費者調査や需要予測の真髄や、市場構造の分析に役立つツールなども紹介します。

ではアクションプランの提案を……。

マーケターになることに関心がある人への提案

（1）マーケターになることにまだ決心が付かない場合は、企業が催しているインターンやビジネスコンペティション等に今すぐに登録して、できるだけ実際に近い業務を、できれば複数企業で体験してみることです。本ばかり読んでいても先には進めません。そしてその時に、マーケティング業務を好きと感じるかどうかを判断してみてください。

（2）マーケターを志すことに大きな迷いがない場合は、広い視野で実戦経験を多く積めること、マーケターを育てるノウハウがそれなりにあること、この2条件を柱にマーケティングに強みのある会社を必ず複数リストアップしてみてください。自分が興味を持てる商材を扱っている会社であればプラスですが、それは先の2つほどは重要だとは思いません。それらの会社のインターンやイベントに参加して、就職活動のプロセスに入れば良いと思います。注意すべきは、本当にマーケティングを学べる部署に配属になるのか？　という点です。

（3）マーケターへの転職を検討されている人は、基本は（2）と同じです。マーケティング職能の転職に強いエージェントがいくつもありますので、そちらに相談してみてください。実際に相手企業関係者に会って情報を得ることです。

キャリアやビジネスで成功していきたい人への提案

マーケターにならなくても、マーケティング思考を持ってビジネスをすることはあなたを必ず成功に導きます。戦略的考え方、「大事なものを選んで集中すること」をできる限り日常に活かすことです。戦略的思考は習慣ですので、これを身につけるには、毎日毎日自分をリマインドする何かが必要になってきます。それがなければすぐに今までの自分に戻ってしまいます。新しいスキルの獲得は脳神経と筋肉のトレーニングの問題です。毎日の生活の中でその努力を無理なく続けられるシステムが必要となります。

そこで私からの提案です。私もやっている「戦略的思考」のクセをつける具体的な方法を紹介します。「手」を使うのです。5本の指をよく見てください。一番長い指が1本、次に長い指が2本、この3本が突出して長いですよね。仕事に向かう電車の中やバスの中で片手を眺めながら、この3本の指に該当する今日の仕事の優先順位の1番目、2番目、3番目を選ぶのです。

月曜日の段階で、1週間に達成すべき3つの仕事の優先順位を選んでおくと、日々の3つはより選びやすくなります。もっと言えば、月頭にはその月に達成すべき3つを、その前に四半期ごとの3つを、更にその前に半期ごとの3つ、もっと前に1年に達成すべき3つを考えておくのです。「年→半期→四半期→月→週→その日」と大きいところから、やるべきことを選ん

で戦略をカスケード・ダウンさせていきます。大事なことは、それらの大きいところからの戦略のつながりを忘れないように紙に書いておくこと、そしてその月くらいの大きな塊までは上司と必ずその優先順位を確認して合意しておくことです。

選ぶのはなぜ3つなのか？「3」というのが人間の記憶に残りやすいマジックナンバーであることも理由ですが、それ以上に**どんな平面も立体でも3点を止めれば必ず安定するという数学的な根拠**から、私はビジネスの局面においても3つの点を選ぶことでその重心を捉えようとしてきました。経験上、この考え方はだいたい当たっていると思います。

簡単に言ってしまえば、その日に達成すべきこと（あるいは達成できること）で本当に大切なものは3つ程度しかない、その1年で達成すべきことも3つ程度しかないということです。ちょっと乱暴に聞こえるかもしれませんが、少なくとも私はそのように考えて今のところは上《う》手《ま》くいっております。最初から3つまでと決めて選ぶのです。私が新入社員だった頃も3つ、今のテーマパークの執行役員としての立場でも3つ、3つに絞り込んで仕事をするやり方は、昔も今も全く変わりません。

そうそう、あと2本だけ指が残っていましたね。まず小指！その指の長さのとおり、70%未満の力で流す仕事を、この小指を見ながら選んでください。そして最後に一番短い親指！その指は「やったフリをする」仕事を選ぶのです（笑）。本当の話です。そうやって5本の指を眺めながら、最大5つの仕事を選ぶのです。実際は、最も重要な1つと、かなり重要な2つを選ぶことで、**その3点にできる限りの時間や労力などの一切のリソースを集中する**のです。

毎朝、通勤の途中で手のひらを眺めて今日達成することを選ぶ。そして帰宅する途中で同じ手のひらを眺めて、達成できたことを確認し、できなかったことがあればその原因と、次はどうするかを考えます。そして家にたどり着くまでに、明日やるべき3つを考えておくのです。翌朝はそれを確認するところから始まります。

ぜひこの「手のひら法」を試してみてください。選ぶことは最初は大変です。戦略思考が苦手な人ほど「捨てること」に抵抗があるからです。毎日3つと5つの選択を自分に強いるトレーニングは、きっとあなたの戦略性を高めていくことでしょう。

最後の最後になりましたが、担当の亀井《かめい》さんをはじめとする株式会社KADOKAWAの皆様、本書の出版の機会をくださりありがとうございました。また本書の出版を支援してくださった全ての関係者の皆様に深く御礼を申し上げます。そして本書内容の骨子となった私の20年の社会人生活におけるマーケティングにまつわる学びの大半を体得させてくれた古巣P&Gの歴代上司と同僚の皆様に、心の底からの感謝を申し上げます。更には、文才に乏しい拙著を読んでくださった全ての読者の皆様へ最大の感謝をお伝えしたいと思います。

本書が1人でも多くの人にマーケティングへの関心を喚起することを祈りつつ、日本の未来の何かに繋がることを強く願いながらここで筆を置きたいと思います。

皆様、本当にありがとうございました！

森岡　毅《つよし》　2016年1月10日

森岡 毅（もりおか　つよし）
戦略家・マーケター。1972年生まれ。神戸大学経営学部卒業後、1996年、P&G入社。日本ヴィダルサスーンのブランドマネージャー、P&G世界本社（米国シンシナティ）で北米パンテーンのブランドマネージャー、ヘアケアカテゴリー アソシエイトマーケティングディレクター、ウエラジャパン副代表を歴任。2010年にUSJ入社。革新的なアイデアを次々投入し、わずか数年で経営危機にあったUSJをV字回復させる。USJ再建の使命完了後、2017年、マーケティング精鋭集団「株式会社刀」を設立、代表取締役CEOに。「マーケティングで日本を元気に」という大義の下、数々のプロジェクトを推進。著書に、『USJのジェットコースターはなぜ後ろ向きに走ったのか？』（角川文庫）、『USJを劇的に変えた、たった1つの考え方 成功を引き寄せるマーケティング入門』（KADOKAWA）など。

USJを劇的《げきてき》に変《か》えた、たった1つの考《かんが》え方《かた》
成功《せいこう》を引《ひ》き寄《よ》せるマーケティング入門《にゅうもん》

2016年4月23日　初版発行
2023年3月20日　39版発行

著者／森岡《もりおか》 毅《つよし》

発行者／山下直久

発行／株式会社KADOKAWA
〒102-8177　東京都千代田区富士見2-13-3
電話　0570-002-301（ナビダイヤル）

印刷・製本／大日本印刷株式会社

●お問い合わせ
https://www.kadokawa.co.jp/（「お問い合わせ」へお進みください）
※内容によっては、お答えできない場合があります。
※サポートは日本国内のみとさせていただきます。
※Japanese text only

ISBN 978-4-04-104141-3　C0095